饭店服务礼仪教程

主　编　王丹凤
副主编　刘富强　陈令刚　李　洋
　　　　杨　红
参　编　孙业达　郑　娟　李　琦
　　　　刘艳飞　韦菊讽

北京理工大学出版社
BEIJING INSTITUTE OF TECHNOLOGY PRESS

版权专有　侵权必究

图书在版编目(CIP)数据

饭店服务礼仪教程 / 王丹凤主编 . -- 北京 : 北京理工大学出版社, 2021.1（2025.1 重印）

ISBN 978-7-5682-9466-9

Ⅰ．①饭… Ⅱ．①王… Ⅲ．①饭店-商业服务-礼仪-职业教育-教材 Ⅳ．① F719.2

中国版本图书馆 CIP 数据核字（2021）第 012952 号

责任编辑：申玉琴　　**文案编辑**：申玉琴
责任校对：王雅静　　**责任印制**：边心超

出版发行 /	北京理工大学出版社有限责任公司
社　　址 /	北京市丰台区四合庄路 6 号
邮　　编 /	100070
电　　话 /	（010）68914026（教材售后服务热线） （010）63726648（课件资源服务热线）
网　　址 /	http：//www.bitpress.com.cn
版 印 次 /	2025 年 1 月第 1 版第 3 次印刷
印　　刷 /	定州市新华印刷有限公司
开　　本 /	787 mm×1092 mm　1/16
印　　张 /	12.5
字　　数 /	206 千字
定　　价 /	39.00 元

图书出现印装质量问题，请拨打售后服务热线，负责调换

前言

党的二十大报告指出："高质量发展是全面建设社会主义现代化国家的首要任务。"对于饭店业来说，高质量发展是其未来发展方向。饭店的高质量发展离不开高质量的服务人员，他们优雅的举止、礼貌的谈吐、得体的着装、整洁的仪容、规范的操作，优质的服务，代表着饭店的形象。

因此，饭店的服务人员要学习服务礼仪改善个人形象，使自己的仪容仪表、气质风度、言谈举止符合礼仪规范，提升服务水平。

本书从满足服务需求出发，结合服务工作实际和职业院校学生特点编写了相关教学内容。本书具有以下几个特点：

1. 注重实践，满足职业发展需要。

本书基于职业院校学生特点编排教学内容，以满足其知识需求；结合饭店服务实际工作和职业教育特色，注重实践。

2. 以职业技能培养为主线，教学内容岗位化。

本书本着"实际、实用、实践、实效"的原则，要求学生掌握饭店不同岗位服务礼仪知识，以培养适应社会需求的"岗位型"人才。

3. 丰富的数字化资源。

为便于学生更加直观地理解饭店服务方面的礼仪，本书通过二维码链接视频，由二维动画形象展示饭店服务礼仪。学生通过扫描书中的二维码，即可在课堂内外进行相应知识点的学习。

本书参考了大量有关国内外礼仪方面的书籍和资料，在此表示感谢。

由于时间仓促，编者水平有限，本书尚有不足之处，还望广大读者提出宝贵意见，以便修订时及时更正。

目 录

单元一　认识礼仪与饭店服务礼仪 …………………………………… 1
- 任务一　了解中华礼仪文化 ………………………………………… 2
- 任务二　饭店服务人员礼仪的基本要求 …………………………… 15
- 任务三　认知饭店服务礼仪的重要性 ……………………………… 22

单元二　塑造饭店服务人员的个人形象 ……………………………… 27
- 任务一　仪容仪表的基本要求 ……………………………………… 27
- 任务二　饭店服务人员的姿态要求 ………………………………… 35
- 任务三　饭店服务人员的举止礼仪 ………………………………… 49

单元三　饭店服务人员的沟通礼仪 …………………………………… 69
- 任务一　礼貌用语 …………………………………………………… 70
- 任务二　称呼与介绍 ………………………………………………… 74
- 任务三　如何处理投诉 ……………………………………………… 80

单元四　前厅服务礼仪规范 …………………………………………… 86
- 任务一　认知前厅优质服务内容 …………………………………… 87
- 任务二　前厅服务人员礼节礼貌要求 ……………………………… 93
- 任务三　前厅服务礼仪外延知识 …………………………………… 109

单元五 客房服务礼仪规范 ……………………………………………… 131

  任务一 认知客房优质服务内容 …………………………………… 131
  任务二 客房服务人员礼节礼貌要求 …………………………… 134
  任务三 客房服务礼仪外延知识 …………………………………… 136

单元六 餐饮服务礼仪规范 ……………………………………………… 142

  任务一 认知餐厅优质服务内容 …………………………………… 143
  任务二 中餐厅服务礼仪规范 ……………………………………… 145
  任务三 西餐厅服务礼仪规范 ……………………………………… 150
  任务四 酒吧服务礼仪规范 ………………………………………… 157
  任务五 餐厅服务礼仪外延知识 …………………………………… 161

单元七 其他岗位服务礼仪规范 ………………………………………… 173

  任务一 康乐部服务礼仪规范 ……………………………………… 173
  任务二 会议服务礼仪的基本要求 ………………………………… 176
  任务三 商场营业员礼仪的基本要求 ……………………………… 179

单元八 饭店管理人员礼仪素养要求 …………………………………… 183

参 考 文 献 ………………………………………………………………… 189

单元一 认识礼仪与饭店服务礼仪

学习目标

1. 了解礼仪的起源和发展，以及与礼仪有关的概念。
2. 认识礼仪的含义、原则和特征。
3. 认识礼仪的功能和作用。
4. 掌握礼仪的基本内涵。
5. 掌握饭店服务礼仪的重要意义。
6. 掌握饭店服务人员礼仪的基本要求。

"礼者，敬人也。"这句话的意思是说："有礼仪素养的人，首先就是会尊重他人，以他人为尊。""尊重"是礼仪的核心，当你不知道怎样做才算符合礼仪规范的时候，就将"尊重"二字作为行为准则。我国素以"礼仪之邦"享誉世界，是当之无愧的"礼仪之国"。讲究文明礼貌是一个国家精神文明的标志，对饭店来说，则体现了其服务的规范化、标准化、个性化，是饭店服务的基本服务标准。当今社会，旅游业已成为全球经济中发展势头最强劲、发展规模最大的产业之一。随着我国经济的发展，人们生活水平的提高，对外开放步伐的加快，饭店业被国内外越来越多的人关注，人们对饭店服务的要求也越来越高。此外，我国饭店业逐步和世界接轨，饭店接待礼仪标准日益规范化，这意味着饭店员工的服务礼仪水平必须紧跟国际饭店业发展前进的步伐。服务礼仪是饭店员工的必修课程，因为良好的服务礼仪是饭店服务质量的基本内容之一，学习服务礼仪是提高服务人员服务质量的途径。

饭店服务礼仪教程

任务一　了解中华礼仪文化

案例导入

小王是一名优秀的服务人员。他发现贵宾张先生今天宴请的是生意上的伙伴，就更加主动热情地迎上去，鞠躬并面带微笑地说："您好，张先生，欢迎光临！"同时示以规范的手势动作。征得了张先生的同意后，小王主动给他们换了一个更幽静的包房，在斟茶时又仔细检查了一下茶具是否干净卫生，并笑呵呵地说："张先生是我们的贵宾，给你们冲泡的是上好的碧螺春。"张先生露出了满意的笑容。就餐结束后，小王知道客人时间宝贵，迅速准确地结好账后，一直把客人送到门外，目送客人离去后才转身回饭店。

【分析】

饭店产品的核心是优质的服务，饭店服务礼仪是在基本礼仪修养的基础上体现饭店服务的规范性、标准性。作为服务人员，在特定的环境条件下，小王的服务在哪些方面体现了对客人的尊重？满足了客人就餐过程中在哪些方面求尊重的心理需求？

礼仪的起源

一、礼仪的基本内涵

（一）礼仪的起源与发展

礼仪是人际交往中的重要行为规范，那么它是何时产生的？发展至今又经历了怎样的演变过程？这是我们学习礼仪首先要了解的内容，也是大家很感兴趣的内容。从事饭店服务的工作者应该了解礼仪的起源与发展，知晓其在历史发展中的重要作用，自觉学习并遵守礼仪规范，做好饭店服务工作。

有一种观点认为，从有人类开始，礼仪就产生了，它是维系人与人之间良好关系的基本纽带。在远古时期，生产力水平极其低下，为了抵御自然灾害，祈求天地赐福免灾，先民们会举行一些仪式，如祭拜天地、祖先、神灵，表达

单元一　认识礼仪与饭店服务礼仪

敬仰和尊重之情以祈求平安幸福。这些逐渐成型的祭祀活动，就是礼仪的开端，这时的礼仪以"祭天""祭神"为主要内容。古时，祭祀活动不是随意地进行的，而是严格地按照一定的程序、一定的形式进行的，这样才能表达敬畏之意，达到祈福的目的。可见，最早的礼仪是为保护自身安全、维护社会秩序、表达自身尊重的感情而产生并存在的，是社会需要的产物。

到封建社会，礼仪制度得到了进一步发展。此时的礼仪演变成了一种臣服的礼节，"礼"成了统治阶级维护阶级统治的工具。由此可见，"礼"的形成和发展具有时代特点，起到了维护统治阶级等级关系的作用。

到了近代，"礼"又发展到了另一个重要历史阶段，当今国际上通用的很多重要礼节都是这个时期留下来的。

在现代社会，由于时代的变迁，人们的生活方式和观念不断发展变化，礼仪规范也在不断修改变化，最终形成了现代的礼仪行为准则。社会的进步、经济的发展、国与国之间的交往越来越频繁，在日常生活中，无论是与人交往，还是各行各业运营管理，都要遵守礼仪规范。做有礼之人、懂礼之企业，不仅是社会发展的要求，更是企业生存之本。

从礼仪的起源与发展过程可以看出，礼仪是人们在社会生产生活活动中，为了塑造个人形象、维护良好的人际关系、避免矛盾和冲突、维护社会稳定应运而生的。"礼"在人际交往、家庭和睦、职场发展等方面都有着重要作用，是人与人之间交往的艺术，是人与人之间沟通的桥梁，更是人际关系和工作管理中必须遵守的一种共同准则。

随着社会的发展，作为人类文明标志的"礼"在各行各业中体现出来。饭店服务人员代表着饭店的形象，了解礼仪规范，能更好地维护饭店声誉，为饭店生存与发展提供重要保障。

（二）认识中华礼仪文化

我国素有"礼仪之邦"的美誉，礼仪文化源远流长，具有独特的精神内涵与价值观念。

礼仪作为一种文化传统和行为规范，其起源可以追溯到人类社会的早期阶段。那时的生产力水平极其低下，人们无法解释火山、地震、洪水、电闪雷鸣等自然现象，生存条件极其险恶。为了生存，原始先民们想到各种方法来抵御各种自然灾害，祭祀应运而生。早期人类社会的礼仪主要是围绕祭祀、婚礼、葬礼等活动展开的。随着时代的发展，礼仪也在不断演变和传承中逐渐规范起来，不同历史时期的礼仪文化有所差别。

到商周时代，礼仪的典章化、制度化已经相当完善了，礼仪已经成为一种重要的政治和社会制度，并渗透到社会生活的各个方面。春秋时期，孔子继承和发展了古老的"礼"观念，赋予其新的思想内涵，创造性地建立起一套以"礼"为核心价值观念的儒家思想体系，把"礼"看成治国、安邦、平天下的基础，他提出"不学礼，无以立"，要求人们用"礼"的规范来约束自己的行为，其核心思想"仁爱及人"一直影响至今。

到了秦朝，礼仪已经成为全国统一的规范制度，礼治的思想成了封建社会统治阶级的工具，儒家传统礼仪文化起着规范人们的行为、维护社会安定的重要作用。直到20世纪初辛亥革命的爆发，新文化运动全面推行，废除了封建社会遗留下来的不公平制度，如废除"跪拜礼"待之以"鞠躬礼"、改变称谓等。新文化运动是近代中国一场重要的思想启蒙运动，在伦理道德史上具有划时代的意义。以新文化运动为代表的中国礼仪革命，对中国的思想产生了重要影响，人们抛弃封建主义旧礼教中的糟粕的同时，继承和发扬了以对人尊重为处世原则、以自由平等为基础的中国传统礼仪的精髓，人们逐渐从封建礼教的束缚中解脱出来，倡导科学、现代化的文化，中华礼仪自此开始进入崭新的阶段。

我国现代礼仪以传统文化为中心，不断吸收其他国家的优秀文化，以科学性、民主性、包容性、平等性、简单性为特征，剔除封建糟粕及烦琐性，展现出新的社会关系和时代风貌。

礼仪是随着社会的发展而不断调整的，与社会制度、经济状况都有着密切的关系。在特定的社会历史条件下，礼仪以它不同的内涵和形式被人们认可，并形成规范，发挥着调节人际关系、使社会保持一定合理秩序的重要作用。礼仪是一个国家传统文化的重要组成部分，体现了一个国家的民族文化，约束着人们的言谈举止。

二、有关礼仪的概念

礼仪是人们在社会交往过程中，为了表示平等和尊重，在仪容、仪表、仪态、仪式、言谈举止等方面约定俗成的、共同认可的行为规范。礼仪是对礼貌、礼节、仪态、仪表、仪容和仪式的统称。

礼貌是指人们在交往过程中表示敬重、谦虚、平等、友好的行为规范，是一个人内在素质的外在表现。礼貌的外部表现主要包括仪容仪表修饰得体、姿态端庄、态度和蔼、说话文明恭敬、待人接物彬彬有礼。例如讲究卫生、"您好""请"字当头、遵守公共秩序，又如服务中的微笑、敬语谦语、鞠躬手势礼等。

礼节是指人们在日常生活和交际过程中表示问候、致意、致谢、慰问、追悼等的惯用形式或具体规定，是尊重对方的一种形式，也是礼貌的具体表现方式。例如早上见面互相打招呼、宾主见面互相握手、亲朋好友过生日互送礼物表示祝贺、中西餐就餐规范等，又如餐厅服务人员按照先宾后主的礼遇顺序进行服务。

仪态指人的身体姿态、行为举止以及在社会交往中所表现出来的各种姿态，如站姿、坐姿、行姿、蹲姿、手势等。对于饭店业，服务人员优雅的仪态会给宾客留下良好的印象，是饭店优质服务的体现。

仪表指人的外表，如服饰、形象等。良好的仪表是饭店服务行业的基本要求，如员工整洁大方的着装等。

仪容指人的容貌，包括面容、头发等。良好的仪容要求干净整洁，要根据职业特点和场合确定自己的妆容，例如饭店服务人员在工作时要化淡妆。

仪式是在一定的社会环境下产生的、在一定场合举行的具有专门规定形式和程序的规范活动，如签字仪式、欢迎仪式、节庆活动仪式、检阅仪仗队、展览会开幕式、竣工剪彩、大型工程的开工仪式等。在实际生活中，组织者在举办各种仪式时要严格遵循礼仪规范，对活动程序进行精心策划和组织，做好礼仪工作。

在招待服务中，每个员工都要做到服装整洁、面容干净、适度化妆、面带微笑、礼貌迎宾，以良好的礼仪接待宾客。

知识链接

在一些特定环境中，应掌握一些我国传统的礼仪用语。例如：

好久不见说"久违"，初次见面说"久仰"；请人原谅说"包涵"，请人批评说"指教"；求人解答用"请问"，求人指教用"赐教"；请人帮忙说"劳驾"，求给方便说"借光"，麻烦别人说"打扰"；向人祝贺说"恭喜"，托人办事用"拜托"，赞人见解用"高见"；对方来信称"惠书"；老人年龄称"高寿"；宾客来到用"光临"，中途先走用"失陪"，请人勿送用"留步"，等候宾客用"恭候"；看望别人用"拜访"，陪伴朋友用"奉陪"。

三、礼仪的基本原则

饭店服务人员如果想在工作中成为合格甚至优秀的员工，就应当遵循礼仪的基本原则，礼仪的基本原则主要包括以下几个方面。

1. 平等原则

平等原则包括两方面内容。

一是指服务他人。尊重所有的交往对象是礼仪的核心。饭店服务人员在服务过程中不能以外表、职位、身份待人，无论宾客的年龄、性别、地位、民族为何，服务人员都应一视同仁，以礼相待，给予同样的接待服务。

二是正确认识自己的工作性质，不要有低人一等、伺候人的思想观念。工作只有性质的不同，没有高低贵贱的差别，饭店服务人员应坦诚大方地以饱满的热情和自信阳光的心态去迎接每一位客人，要尊重自己，热爱自己的职业。

总之，待人接物既不能盛气凌人、高高在上，也不能卑躬屈膝、唯唯诺诺。平等原则是现代礼仪的基础，是礼仪的最主要原则。

🎓 小故事

故事一 美国总统林肯有一次外出，路边有一个身穿破衣烂衫的黑人老乞丐对其行鞠躬礼，林肯一丝不苟地脱帽对其回礼。随员对他的举止表示不解，林肯说："即使是一个乞丐，我也不愿让他认为我是一个不懂礼貌的人。"

故事二 世界著名的文学家萧伯纳一次到苏联访问，在街头遇见一位聪明伶俐的小姑娘，就和她一起玩耍。离别时，萧伯纳对小姑娘说："回去告诉你妈妈，今天和你玩的是世界著名的萧伯纳。"不料，那位小姑娘竟学着萧伯纳的语气说："你回去告诉你妈妈，今天和你玩的是苏联小姑娘卡嘉。"这件事给萧伯纳很大的触动，他感慨："一个人无论有多大的成就，他在人格上和其他人都是平等的。"

故事三 俄国作家屠格涅夫有一次在街上散步，一个乞丐跪倒在地向他求道："请给我一点食物吧。"屠格涅夫寻遍全身却无一点可充饥之物，只好说："兄弟啊！对不起！我没带吃的！"那乞丐站起身，脸上挂着泪花，紧握作家的手说："谢谢你！我本已走投无路，打算讨点吃的后就离开这个世界，您的一声'兄弟'让我感到这世间还有真情在，它给了我生活下去的勇气。"

2. 尊重原则

尊重原则是礼仪的基本原则，也是礼仪的核心。服务工作中，礼貌和礼仪是以尊重他人为基础的，没有对他人的尊重，礼貌礼仪也就无从谈起。在社会交往中，人人都是平等的，人与人之间要相互尊重。人人都希望得到他人的尊重，而要得到他人的尊重，首先就要尊重他人。尊重他人，体现在日常生活及工作中的尊重老人、照顾老人、爱护儿童，以及女士优先等方面。

从饭店服务角度来看，饭店服务人员要尊重客人的正当权利，如客人有消费多与少的权利；要尊重客人的人格，不以貌取人、以权取人，不嫌贫爱富、阿谀奉承，自以为是、居高临下的态度或行为既令人生厌，也极其损害饭店的形象。

饭店服务人员还要尊重客人的风俗和宗教信仰，尊重客人的爱好和习惯，不把自己的爱好和习惯强加于客人，不以自己的好恶来评价客人，任何时候都不要对客人品头论足，不取笑和侮辱客人。

尊重他人还体现在饭店员工之间的互相支持、尊重他人劳动等方面，如员工应该善于对工作中的互帮互助表示感谢等。

服务员的淡妆要求，就是尊重宾客的表现之一。妆容的"热情"会给客人以受尊重、受欢迎、受重视的感觉，为客人带来一种仪式感。"热情"的妆容再加上饭店服务人员自然流露的对本职工作热爱之情会给客人带来良好的消费体验；否则会适得其反，给人不舒服的虚假之感。所以，待人热情一定要真诚，如果心存不敬，却又故意表现出热情，只会让人感到做作，引起他人的反感。这一点在饭店服务人员为客人提供服务时尤为重要。饭店服务人员不应把自己的喜怒哀乐情绪带到工作中，踏入工作之门之前，就整理好情绪，并带着饱满的精神进入工作岗位，做好情绪管理，把热情贯穿于服务工作的始终。

人都有渴望尊重、受人重视的心理需求。"留面子""给面子"也是尊重客人的重要体现。在服务过程中，饭店服务人员要懂得给客人留面子。如果饭店服务人员看到一个客人很随意，没有特殊要求，也不要以为他不要面子，更不要放松服务标准，自尊心是所有人的心理需求，是人性。如饭店服务人员在服务工作中多锻炼自己的记忆力，能在客人第二次光临时叫出客人的尊称，并给予热情的服务，客人会在倍感亲切的同时满足了其面子要求。尤其在商务宴请时，更是让客人心生喜悦之情。

追求自我是每个人的心理需求，宾客也是如此。服务人员给予客人充分的尊重，就是要在提供标准化服务的同时注重个性化服务。如在服务中向享乐型客人提供优质且特别的菜肴，满足其享受的欲望；为追求洁净的客人提供"洁净再洁净"的餐具，这既能让客人对卫生标准放心，又能给客人留下深刻的美好印象。

因此，饭店服务中的尊重原则，要求服务人员具有"三个能力"，即敏锐的观察能力，准确的判断能力，及时的执行能力。这就要求饭店服务人员在平时的工作中勤学习、勤思考，学习心理学、社会学，每天睡觉前反思一天的成功与问题，学会理解客人、宽容客人、尊重客人，为客人提供更优质的服务。

古人云："敬人者，人恒敬之。"只有相互尊重，人与人之间的关系才会融洽和谐。

🎓 小故事

有一天，纪晓岚去游五台山，走进庙里，方丈把他上下打量一番，见他衣履还算整洁，仪态也一般，便招呼一声："坐。"又叫一声："茶。"意思是端一杯一般的茶来。

寒暄几句后，方丈得知他是京城来的宾客，赶忙站起来，面带笑容，把他领进内厅，忙着招呼说："请坐。"又吩咐道："泡茶。"意思是单独沏一杯茶来。经过细谈，方丈得知来者是有名的学者、诗文大家、礼部尚书纪晓岚，便立即恭恭敬敬地站起来，满脸赔笑，将纪晓岚请进禅房，连声招呼："请上座。"又大声吆喝："泡好茶。"他很快地拿出纸和笔，请纪晓岚一定要留下墨宝，以光禅院。纪晓岚提笔，一副对联一挥而就：坐，请坐，请上坐；茶，泡茶，泡好茶。方丈看了非常尴尬。

3．真诚与诚信原则

真诚是一个人应该具备的品质。真诚是与他人交往打开成功之门的钥匙，也是从业者应该遵守的职业道德。饭店服务人员对客人首先应当做到真诚友善。真诚就是对人要发自内心，光明磊落，客人有困难时，要想客人之所想，急客人之所急，真心相助，不图回报；不要弄虚作假，不要欺骗客人。有的人以貌取人，以地位取人，趋炎附势，这种人迟早会被人们唾弃。待人真诚友善是良好职业道德的体现。友善，就是待人要友好善良，要为他人着想。

单元一 认识礼仪与饭店服务礼仪

当客人利益和自身利益发生矛盾时,要以客人利益为第一位,不能存有恶意,更不能为了个人的利益欺骗客人,伤害别人。不能为了讨好客人做损害他人的行为,花言巧语、虚情假意虽然有时也能讨得客人暂时认可和喜欢,但终会损害个人形象,还会损害企业利益。待客真诚友善,是对客人最大的尊重,也是对自己最大的尊重!

诚信也表现在遵守时间。守时是诚信的标志,是一种无声的承诺。遵守时间是现代人际交往中基本的礼貌修养。尤其是现代社会,人们的生活节奏加快,守时这一礼仪修养已经成为人们的共识。浪费别人的时间是对别人极大的不尊重。在社会交往中,不违时、不失约是非常重要的。约定的聚会或社交活动,应当准时或稍稍提前到达,提前的时间以5~10分钟为宜。如果去他人家里做客,不宜提前,准时或稍晚5分钟为宜,给主人充足的准备时间;如果确实不能如约到达,应提前通知主人,以便让他另作安排。饭店服务人员在工作中也是如此,要严格遵守工作时间和工作纪律。因为饭店工作多为一人一岗,如果不遵守时间纪律,可能会给整个饭店工作带来麻烦。如有事串岗,要告知上级主管领导,以免影响工作程序,给饭店带来不便。工作中要干脆利落,讲究工作效率,不拖沓、不扯皮,客人的时间就是金钱和生命,尤其是上菜及结账等重要环节,更要讲究效率。

"言必信,行必果。"取信于人在人际交往中是非常重要的,而信任是靠慢慢积累的。饭店服务人员每次为客人服务,都要信守诺言,要遵守饭店规范,具备高执行力,这样才能取得客人的信任和认可,从而使客人对饭店产生好感,这样,客人不但会成为常客,也会从侧面对饭店起到宣传作用,给饭店带来更大的社会效益和经济效益。

🎓 小故事

曾子的妻子到市场上去,她的儿子要跟着一起去,一边走,一边哭。妈妈对他说:"你回去,等我回来以后,杀猪给你吃。"待妻子从市场回来,曾子要捉猪来杀,他的妻子拦住他:"那不过是跟小孩子说着玩的。"

曾子说:"决不可以跟小孩子说着玩。小孩本来不懂事,要照父母的样子学,听父母的教导。现在你骗他,就是教孩子骗人。做妈妈的骗孩子,孩子不相信妈妈的话,那是不可能把孩子教好的。"于是,曾子把猪给杀了。

4. 宽容原则

"海纳百川，有容乃大。"能设身处地为别人着想，原谅别人过失，是一种美德，是现代人的一种礼仪素养。

在服务过程中，饭店服务人员还要以一颗宽容心对待宾客，这也是服务礼仪的重要原则之一。宽容就是豁达大度，遇到问题时要站在他人角度思考，有很强的包容心。包容的前提是理解、体谅，而理解的前提是沟通，这就要求服务人员要不断学习，学习沟通方法和技巧，学习管理情绪，以达到有效沟通的目的。

比如，在服务过程中把服务做在客人开口之前，理解客人之所想，提前为客人做到，使客人满意。在对客服务时，饭店服务人员要善于观察客人的心理变化，了解客人的不同心理特点及消费状况，以便为客人提供个性化服务。服务岗位会遇到不同年龄、不同性格、不同经历、不同文化程度的客人，服务人员要通过学习，懂得接纳不同，接纳不同性格及层次的人的存在，容忍他人的缺点与个性；在客人不理性的语言或不佳的态度面前，要保持理性，以一颗宽容心对待，避免矛盾。饭店工作中，会遇到各种各样的客人，如"刀子嘴豆腐心"、追求完美、过分干净、非常要面子等，当你能够理解包容，以一种有礼有节、理解微笑服务对待客人时，矛盾将迎刃而解。

那么，如何在礼仪中体现宽容原则呢？可以从以下几个方面做起。

第一，尊重客人习俗。

我国地域辽阔，东西南北各地区、各民族的风俗习惯各有差异，服务时，要细心观察，针对客人习俗，要体谅并满足他们不同却合理的要求。针对外国客人，要接纳他们的民族文化，为他们提供满意的服务。

第二，以客人为中心。

对客服务过程中，不可以自我为中心，要不断学习心理学，懂得客人的各种需求，站在客人角度，以"一切为了客人"为出发点，了解客人各有所长，有的善于言笑、有的沉默不语、有的言辞委婉、有的语言犀利，明确各人均有不同，以一颗包容心，以客人为中心提供客人满意的服务。

第三，反思提高。

在工作生活中，多向他人学习，遇到问题，要善于反思。尤其客人提出各种意见要求时，先反思自己的不足，不要第一时间辩解或把不满写在脸上。客人有意见时，最好的解决方法是先带着同理心倾听，然后客观反思并寻找解决之法，使客人达到满意。

🎓 小故事

故事一 中国唐朝有一位官员，叫狄仁杰，他待人宽厚，深得部下和民众的爱戴。有一次，武则天派宰相张光辅到汝南去讨伐造反的李贞，由于老百姓起义反李贞，李贞很快就被打败，全家自杀。可是李贞的党羽两千多人，全部被张光辅判了死刑。当时，狄仁杰在豫州做刺史，听到这件事后，连忙写了一封奏章给武则天，说那两千多个李贞的党羽，不过是被李贞威胁，根本就不是存心造反，如果把他们统统杀死，实在是冤枉，也未免太残忍了，因此请求宽免。武则天听了狄仁杰的话，便将这两千多人免去死罪，改罚到边境去服役。张光辅消灭了李贞，自以为有功，便纵容他的士兵到处抢劫，闹得民间鸡犬不宁！狄仁杰看不过眼，就向张光辅提出抗议。张光辅心里很恨狄仁杰，到京城后马上向武则天进谗言，说狄仁杰的坏话。武则天误信张光辅的话，就把狄仁杰贬到复州去做刺史。但是，狄仁杰毕竟是个有才能的好人，不久，武则天醒悟过来，又升狄仁杰到京城来做大官。有一天，武则天对狄仁杰说："你在外面做官，成绩很好，因为有人讲你的坏话，我一时未察，才把你贬到复州去，你想知道讲你坏话的那个人是谁吗？"狄仁杰答道："如果我有过失，应该把它改掉；要是没有过失，我的心已经很安乐了，何必要知道说我坏话的人是谁呢？"从这些话中，我们就可以想见狄仁杰宽厚待人的风度了。

故事二 我国著名教育家陶行知先生把民主与宽容的思想渗透到自己的教育实践中，让它们发挥奇妙的作用。

陶行知先生当校长的时候，有一天看到一位男生用砖头砸同学，便将其制止并叫他到校长办公室去。当陶行知回到办公室时，男孩已经等在那里了。陶行知掏出一颗糖给这位同学："这是奖励你的，因为你比我先到办公室。"接着他又掏出一颗糖，说："这也是给你的，我不让你打同学，你立即住手了，说明你尊重我。"

男孩将信将疑地接过第二颗糖，陶行知又说："据我了解，你打同学是因为他欺负女生，说明你很有正义感，我再奖励你一颗糖。"

这时，男孩感动得哭了，说："校长，我错了，同学再不对，我也不能采取这种方式。"

陶行知于是又掏出一颗糖："你已认错了，我再奖励你一块。我的糖发完了，我们的谈话也结束了。"

5. 自律原则

自律是指在没有人现场监督的情况下，通过自己要求自己，变被动为主动，自觉地遵循法律制度，进行自我约束、自我管理。自律是以事业心、使命感、社会责任感、人生理想和价值观来约束自己的一言一行。

真正懂得礼仪、运用礼仪，其一是要学习，其二是要自律。学习、应用礼仪，最重要的就是要自我要求、自我约束、自我控制、自我对照、自我反省、自我检点。饭店服务人员要严格要求自己，因为饭店服务工作，是针对人的工作，对客服务的很多细节是管理人员无法时刻监督检查的，服务人员只有做到自觉遵守服务礼仪规范，才能为客人提供尽善尽美的服务。

🎓 小故事

故事一 白玉霜是著名评剧演员，演技很高，被人称作"评剧皇后"。她自知、自律，不论三伏酷暑，还是三九严冬，一有时间就去练功，练嗓子。有人对她说："你已成名了，为什么还这么刻苦？"她笑笑说："戏是无止境的。"她还虚心听取别人的意见，不管什么人，只要给她指出缺点，她都乐于接受。

故事二 许衡是我国古代杰出的思想家、教育家。一年夏天，许衡与很多人一起逃难，在经过河阳时，由于长途跋涉，加之天气炎热，所有人都饥渴难耐。

这时，有人突然发现道路附近有一棵大大的梨树，梨树上结满了清甜的梨子。于是，大家都你争我抢地爬上树去摘梨来吃，只有许衡一人端正坐于树下不为所动。

众人觉得奇怪，有人便问许衡："你为何不去摘个梨来解解渴呢？"许衡回答说："不是自己的梨，岂能乱摘！"问的人不禁笑了，说："现在时局如此之乱，大家都各自逃难，眼前这棵梨树的主人早就不在这里了，主人不在，你又何必介意？"

许衡说："梨树失去了主人，难道我的心也没有主人吗？"

单元一 认识礼仪与饭店服务礼仪

6. 遵守的原则

在社会交往中，每个人都必须自觉、自愿地遵守礼仪规则，用礼仪来规范自己在交往活动中的言行举止。

饭店服务专业的学生，在校期间就要养成遵守校规校纪的良好习惯，把"遵守"作为自己的座右铭，这样才能在工作中更好地遵守礼仪规范。

7. 从俗的原则

由于国情、民族、文化背景的不同，礼仪必须坚持入乡随俗，与当地的民俗相一致。因此，饭店服务专业的学生不仅要在学校期间多学习不同国家和不同民族的礼仪习俗，工作后也要在实践中不断感知领悟。只有这样，才能将这一原则落实在服务中，真正做到尊重客人的风俗习惯，为客人提供令其满意的个性化服务，让客人在饭店中有享受的心理体验。

四、礼仪的特征

1. 民族性

"十里不同风，百里不同俗。"每个民族都有自己的民族特色和风俗习惯。由于各个民族的文化传统和心理特征不同，同一礼仪规范在不同的民族中也会有不同的要求，存在着差别和特点。比如：傣族在泼水节以泼水的方式向客人表示尊敬；瑶族家中来客人一定会盛情款待，男女一般情况下要分桌进餐；赫哲族有客人来访时，常常杀生鱼款待客人；羌族歌舞时要有老人领头；蒙古族见面时要互相问候，即使陌生人见面也要问好。还有欧美人在见面时有行拥抱礼和接吻礼的习惯，而行礼的方式则会因被问候人的身份不同而有所区别；我国的习惯则是，人们见面时行握手礼，双方的性别、年龄、职位高低等因素决定着由谁主动伸手。

可见，由于各民族的发展历史、道德观念不同，礼仪形式也会有差别，这就是礼仪的民族性。因此，服务人员要了解各民族的礼仪习俗，避免在服务过程中出现差错，引起客人的不满甚至投诉。服务人员要尊重客人的民族习俗，针对各民族的特点及要求，为客人提供最满意的服务。

2. 多样性

礼仪的内容非常广泛：从场合上分，有家庭礼仪、学校礼仪、公共场所礼仪；从个人形象上分，有谈吐礼仪、举止礼仪、仪容仪表礼仪；从沟通方面来说，有见面礼仪、电话礼仪、宴请礼仪、拜访礼仪、馈赠礼仪；从职场上看，有面试礼仪、公务礼仪、工作场所礼仪等。此外，还有各类仪式的礼仪，如签字仪式、剪彩仪式、颁奖仪式、节庆活动的礼仪等。对于这些礼仪规范，不同国家、不同民族也是有一些差别的，同一国家、同一民族的不同地区也存在着区别。这就要求服务人员了解礼仪的多样性，以便根据具体情况提供优质服务。

3. 普遍性

礼仪作为一种文明规范，是全世界各个国家、各个民族都提倡自觉遵守的行为准则。

"人无礼则不生，事无礼则不成，国无礼则不宁。"礼仪是社会各阶层人士所共同遵守的准则与行为规范，普遍适用于各种各样的人际交往，适用于社会生活的各个方面。礼仪是文明素养、道德准则的具体要求，如果没有道德和礼仪，人们就无法正常生活，社会就会毫无秩序，国家就会不得安宁。饭店服务人员遵守礼仪规范，不仅能提升个人素养，还能为饭店创造良好的社会形象，提高饭店的经济效益和社会效益。

4. 时代性

礼仪是随着时代的发展、顺应时代的变化而逐步完善的，因此具有鲜明的时代性。例如，封建统治者为了维护自己最高统治者的地位，朝见天子必须"三跪九叩"，这类名目繁多的跪拜礼反映的是施礼者和受礼者双方身份地位的不平等。在社会主义制度下，取而代之的是握手礼、鞠躬礼等便于人们交往、同时又能表示人们之间相互平等尊重的新的礼仪形式。在家庭、社会相互交往中，礼仪更注重平等和谐，更注重人与自然的和谐共生。此外，礼仪强调集体主义原则，个人利益服从集体利益。

五、礼仪的功能和作用

礼仪是和谐社会关系的纽带，人人知礼、懂礼、用礼，是人类社会文明美好的前提。

1. 提高自身修养

礼仪能够纠正人们的不文明语言及行为，是一个人文化及综合素养的表现。学习礼仪，能够提高自身修养，能够体现一个人的良好品质、气质和风度。

单元一 认识礼仪与饭店服务礼仪

2. 调节人际关系

在社会交往中，如果人们按照礼仪规范严格要求自己，就能化解不必要的矛盾，增进人与人之间的情感。礼仪是人际交往的钥匙，是联络人们感情的纽带、沟通人际关系的桥梁，是提高全民族素质的需要，更是社会主义精神文明建设的重要内容。

3. 促进社会和谐

文明礼仪是社会和谐发展的重要基石。在社会生活中，人与人之间难免会有一些矛盾和冲突，礼仪是润滑剂和冷凝剂，能使社会中的摩擦和冲突降低到最低点。人人都遵循礼仪规范，就能营造一种和谐的氛围，促进整个社会的和谐发展。社会和谐能够带给人们幸福感，对于推动经济社会的发展也具有重要意义。

🎧 课后作业

1. 什么是礼仪？
2. 简述礼仪的起源和发展。
3. 简述礼仪的功能和作用。
4. 什么是礼貌、仪表、礼节、仪式？查阅资料了解我国不同民族的一些礼仪。

💡 技能实训

教师将礼仪的七个原则制成标签，将学生分成小组。学生以小组为单位抽签，就礼仪的七个原则进行表演，形式不限，可以是小品、话剧、朗诵等，表演要体现礼仪的原则，以加强记忆。

任务二 饭店服务人员礼仪的基本要求

随着竞争的日趋激烈和消费者自我保护意识的逐渐增强，宾客对饭店服务质量的要求越来越高，而饭店服务质量的提高有赖于高素质的员工，因此，饭店服务人员应该树立正确的服务观念与意识，改善服务态度，不断更新本职工作所需的知识，提高自身服务能力，从而提高饭店服务质量。

案例导入

案例导入

在某饭店中餐厅，正值晚餐高峰时间，餐厅内座无虚席，服务人员和传菜员都在紧张地工作。突然，餐厅里的灯全部熄灭了，顿时一片漆黑，餐厅工作人员马上向客人们道歉，并请客人不要惊慌，停电可能是供电系统的暂时故障。而服务人员小张，在灯光熄灭的瞬间正为一位客人撤换骨碟，骨碟中有菜汁，灯一黑，小张一走神，菜汁洒在了客人的后背上。由于当时餐厅里一片漆黑，客人并未发觉此事，小张也没有发现。餐厅经理打电话询问维修部门发生了什么事，又吩咐服务人员取出备用蜡烛。很快，餐桌上都点上了蜡烛，餐厅里烛光闪闪，另有一番情趣。客人们在烛光下边吃边谈，经理逐一向各餐桌客人表示歉意。当经理走到小张刚才撤换骨碟的那个餐桌时，一位客人叫住了经理，指着后背上的菜汁对经理说："这是刚才服务人员洒的。"经理借着烛光一看，果然是菜汁渍，于是忙向客人道歉，又叫服务人员取来湿毛巾为客人擦拭，但是白衣服上的一块污迹还是非常明显，客人看到擦不干净，非常不满。餐厅经理对这位客人说："实在对不起，由于餐厅出现暂时停电的特殊情况以及服务人员操作疏忽弄脏了您的衣服，这完全是我们的责任。如果方便，请您将外衣脱下，我们立刻把它送到洗衣店去洗，洗净后还给您，您意下如何？"客人表示同意，并告诉经理他是住店的客人，住在501房间。很快，维修工修复了照明电路，餐厅又恢复了灯火通明的景象。此时，客人们的进餐已经接近尾声，餐厅经理再一次向客人致歉。第二天，餐厅经理委派一名领班，将洗干净的衣服给501房间的客人送去并再次向他表示歉意。

一、饭店服务礼仪的具体体现

饭店，"较大而设备好的旅馆"（现代汉语词典），是让使用者得到短期的休息或睡眠空间的商业机构，有的也叫"酒店"。除了提供住宿服务之外，现代饭店还提供生活服务及相关设施，如餐饮、会议、宴会、游戏、娱乐等。

饭店服务礼仪就是从事饭店服务的人员用周到、热情、体贴、真诚的语言和规范的举止在对客服务过程中让客人感受到被尊重，让客人感受"到店即到家"的服务体验，体现服务的规范化、标准化、个性化。

单元一　认识礼仪与饭店服务礼仪

饭店服务礼仪的具体要求有：服装整洁、用语礼貌、态度谦逊、举止大方、耐心周到、技能专业。

饭店服务礼仪具体体现在以下几方面。

1. 职业道德

热爱祖国，奉献社会；真诚正直，信誉第一；廉洁奉公，遵纪守法；热情友好，顾客至上；文明礼貌，优质服务；团结协作，顾全大局；吃苦耐劳，操作规范；尊重宾客，一视同仁。

2. 敬业爱岗

敬业爱岗是对本职岗位工作的热爱和责任。饭店是社会中的一个单位，是社会文明的窗口，饭店形象是靠饭店全体员工敬业爱岗的态度、热情规范的服务并由这种服务造成的社会效益逐渐树立起来的。饭店服务人员必须遵守职业道德和行为准则，以积极的工作态度，不断提高自己的工作能力，养成良好的职业行为习惯，培养自己的优秀品德。

3. 仪容仪表

良好的仪容仪表是对饭店服务人员的一项基本要求，是树立企业形象的需要，也是饭店管理水平与服务质量高低的重要标志。得体的妆容、干净整洁的工装会给客人美好的视觉享受，是服务人员每天必须做到的必修课。

4. 礼貌服务

礼貌服务要做到：举止规范，站立服务；真诚耐心，微笑服务；语言文明，敬语服务；周到细致、主动服务；态度和蔼，热情服务。服务人员的一举一动、一言一行都要以尊重客人、客人至上为原则。

服务人员的规范举止是礼貌服务的基本需要。在接待服务过程中，饭店服务人员要以优雅的站姿、坐姿、行姿、蹲姿、规范的手势动作等来体现服务的质量和标准。

饭店服务礼仪是一种行为准则，它有一定的程序标准，可以用语言、文字、动作进行准确描述和规定，并成为企业有章可循、可以自觉学习和遵守的行为规范。饭店服务礼仪的目的是体现对客人的尊重，为客人提供优质的服务，让客人舒服并享受精神上的愉悦。它体现着饭店员工的学识、修养和价值观，也是饭店管理水平的标志。

饭店服务礼仪教程

二、饭店服务人员的基本要求

（一）思想政治要求

良好的思想政治素质是做好服务工作的保证。饭店服务人员应具备的思想政治素质主要有以下几方面。

1. 坚定正确的政治方向和理想信念

饭店服务人员应该具有爱国主义精神，具有爱国守法、明礼守纪、敬业奉献、真诚公正、服务社会的理想信念。坚持集体主义原则，团结友善，培育和践行社会主义核心价值观。在服务工作中，严格遵守外事纪律，讲原则、讲团结、识大体、顾大局，不做有损国格、人格的事。

2. 牢固树立敬业爱岗的专业思想

饭店服务人员必须树立牢固的专业思想，热爱本职工作，在工作中不断努力学习，奋发向上，开拓创新；自觉遵守文明礼貌，助人为乐、爱护公物、保护环境；倡导爱岗敬业、诚实守信、奉献社会的职业道德，并养成良好的行为习惯，培养自己的优良品德。要充分认识到饭店服务知识和服务礼仪对提高服务质量的重要作用。

（二）牢固树立"顾客至上"的服务意识

饭店服务人员要树立正确的思想观念和服务意识，牢固树立"顾客至上"的理念，在服务中做到真诚待客、礼貌热情、规范服务。饭店服务质量的高低直接影响着饭店的形象，服务意识及服务礼仪至关重要。

"顾客至上、服务第一"即树立以消费者为中心的观念，以主动、热情、周到、耐心的服务给客人以舒适、安全、温馨的体验。现代饭店行业之间的竞争，不仅是饭店设施、设备的竞争，更是服务的竞争。优质服务可以大大提升客人入住的满意率，饭店可以用有温度的服务，在竞争中求得生存和发展。牢固树立"顾客至上""一切为了顾客，为了顾客的一切"的思想，努力做到贴心服务，使客人在饭店的服务中得到享受，从而获得客人的欢心和信赖，树立起饭店的服务信誉。

在服务过程中，服务人员要随时表达"顾客至上"的服务意识。"谢谢"和"对不起"应当成为服务工作中的"常用词"，"您好""请"字当头表达着对宾客的尊重，"微笑服务"更应贯穿服务过程的始终。一个温暖的眼神、一句关切的问候、一个礼貌规范的动作，都会让宾客感受到温暖和尊重。

单元一　认识礼仪与饭店服务礼仪

（三）以"礼"对客，把"对"让给客人

在对客服务过程中，服务人员要尽最大努力满足客人的合理要求，绝对不能简单地对客人说"不"。如果遇到不懂的或者不能解答的问题，服务人员可以请客人稍等，通过询问他人或者请示上级予以解决。如果条件不允许，服务人员可以换一种客人喜欢且能接纳的方式来满足顾客的需要，或者委婉地向顾客提出建议，以另一种顾客可能接受的替代对象或方式来满足顾客的需要。此外，服务人员应努力把服务做在客人"开口"之前。

本着"顾客至上"的服务理念，服务人员要为客人提供最安全、最方便、最舒适的服务，让客人有家一样的感觉。在工作中，服务人员要培养自己的观察力、反应力及应变能力，体贴入微地关注和领会顾客的各种需要，秉承"尽管不是无所不能，但也是竭尽所能"的最高服务理念，对顾客的需求做出最及时、最准确的反应，让客人体验在满意的基础上有惊喜。

（四）提供个性化的规范服务

服务人员在工作期间应做到"三轻"，即交谈轻、走路轻和操作轻。当顾客没有服务要求时，服务人员不应随意打扰顾客；应顾客要求为顾客提供其所需的服务而不得不打扰顾客时，也应先说声"对不起"或"打扰了"。各种形式的上门服务都应在顾客方便的时间内进行，不能影响顾客的正常生活。

此外，服务人员要在标准化、规范化服务的基础上，根据客人的年龄、性别、职业及个性特点满足客人的特殊需求，即为客人提供个性化的服务。比如，客人喜欢清静不被打扰，那我们就为客人提供零干扰服务；又比如，客人入住期间恰逢生日，及时为客人送上小礼物。要做到个性化的规范服务，就要求服务人员热爱岗位、用心观察、及时贴心。把"用心服务、追求极致"作为服务目标，把握客人的心理特点，时刻关注客人的点滴需求，这样才能超出预期地满足客人的需求。

（五）礼貌沟通，不干扰冒犯客人

要想使服务工作令客人满意，服务人员首先要尊重客人，不能在工作中有任何慢待甚至伤害客人自尊心的语言和行为。如顾客对某些设施不了解或不会使用，服务人员不得表现出一丝的不耐烦或者嘲笑客人的表情或行为，要礼貌耐心地讲解，直至客人理解为止；在服务过程中，不允许评价客人，也不可交头接耳给客人被议论之感；如果客人的行为不符合公共场所的要求，要用委婉温和的语言去制止客人，决不可以指责甚至训斥的语气与客人交流；如果顾客

19

提出了不合理的要求，服务人员不能因为要求不合理而用生硬的语言、冰冷的态度断然拒绝，而要用礼貌的语言态度去沟通解决；如果顾客对服务表现出不满意，服务人员不要为了面子或根据主观臆断直接进行辩解，应该虚心接受，并向客人表示感谢；如果遇到顾客有意为难时，服务人员要态度平和，予以宽容和忍耐，必要时请上级处理。

（六）服务态度"八字诀"

服务态度是饭店服务人员在对客服务过程中体现出来的对工作的认识、理解和心理状态，其好坏直接影响着宾客的心理感受，也影响着饭店的形象和声誉。服务态度的好坏取决于员工的职业素养的高低。优质服务可以总结为"八字诀"，即主动、热情、耐心、周到。

服务态度"八字诀"

1. 主动

饭店服务人员在服务中要"做在客人开口之前"，这就要求饭店服务人员要细心观察，用心体会，培养自己的记忆力及观察力，记住客人的个性化要求，看见客人内在需求，牢固树立"顾客至上、服务第一"的专业意识，在服务工作中为客着想。饭店服务人员要表现出一种热情、主动、积极的态度，凡是宾客的合理需要，要及时地予以解决，做到眼勤、口勤、手勤、脚勤、心勤，把服务工作做到宾客心里。

2. 热情

饭店服务人员在服务工作中要本着"客人都是贵宾"的原则，像招待家里的贵客一样招待自己的服务对象，对客人充满热情。这就要求饭店服务人员要在服务过程中精神饱满、面带微笑、真诚主动、语言亲切、有问必答、无微不至，让客人的体验成为一种美好回忆。

3. 耐心

服务人员会面对各种性格、性别、年龄、文化、经历的客人，不同客人的心理特征和消费目的也有所不同，这就要求服务人员在为客人服务时，要有张有弛，有耐性，不急躁，不抱怨，要根据客人的个性特点进行服务。服务人员要善于学习，要细心揣摩客人的消费心理，进而提供令客人满意的服务。对于客人提出的问题，服务人员应该真诚以对，直至问题解决为止，即使问题不能解决，也要耐心地给予答复，并虚心听取客人的意见和建议，对事情不推诿。

单元一 认识礼仪与饭店服务礼仪

与客人发生矛盾时,服务人员应尊重客人,善于反思自我,要做到和颜悦色,体现服务者的良好素质,以提高顾客的满意度。

4. 周到

客人到饭店时多是经过劳累奔波,特别希望马上安顿下来,享受周全舒服的服务。因此,饭店服务人员应将服务工作做得细致入微、周密妥帖、面面俱到。如快速入住、快速结账、及时发现并满足客人的需求。这种周到会感动客人,为饭店树立良好的形象,进而起到宣传作用。

三、礼貌服务的原则

(一)自尊自爱,不卑不亢

有人说饭店服务是"伺候人""下等人"的工作,这种观点是错误的。我们要明确,每个人都是平等的,只有社会分工的不同,没有人格的高低贵贱之分。饭店服务人员在接待客人时,要自信自尊自爱,既不可盛气凌人、高傲自大,也不应低三下四、唯唯诺诺,尤其在接待外宾时,服务人员要注意维护国格与人格,绝不能做有损国家的形象和声誉的事。

(二)规范服务,尊重他人

规范服务,即在饭店服务过程中,以礼貌的语言、规范的举止、合理的程序为行为准则,让客人处处感受到被尊重的仪式感。开口"请"字当头、"您好"随时问候,"对不起"挂在嘴边,"微笑服务"要贯穿服务过程的始终。站姿、手势、鞠躬等举止要符合标准礼仪规范,让客人有舒适感的同时得到美的享受。对不同的客人尤其是有特殊需求的宾客,服务人员要能提供个性化的服务,如记住常住客人的姓氏和爱好,为老人、孩子、生病的客人、残疾人提供方便服务等。

(三)态度真诚,一视同仁

对待服务对象,服务人员要发自内心地、真诚热情地服务,要对所有客人一视同仁,不因为客人的职务高低、着装外貌而厚此薄彼、区别对待。服务人员要关心每一位宾客,以优质服务取得宾客的信任,使他们高兴而来,满意而归。

(四)规范性和个性化相结合

饭店服务工作会遇到不同性格、不同要求的客人,我们要站在客人角度,多理解客人,采取适应对方的工作方法,如对急性子的客人,我们要加快服务速度；对精致型客人，我们要规范服务言行；对洁癖型客人，我们要更加仔细检查卫生。服务人员要想客人之所想，急客人之所急，如果遇到很没有礼貌、不尊重服务人员的客人，也应以宽容的心态面对，同时保护好自己，必要时应报告上级，请上级处理。

课后作业

1. 对饭店服务人员的思想政治要求是什么？
2. 饭店服务人员如何牢固树立"顾客至上"的服务意识？
3. 举例说明饭店服务人员在服务中如何做到尊重客人。
4. 饭店服务人员礼貌服务的原则有哪些？

技能实训

将学生分成小组，提供几个服务人员服务礼仪要求方面的案例，请学生进行表演，形式可以是话剧、小品等。表演完毕，学生之间互相点评，教师进行分析，并提供改进建议，帮助学生掌握服务礼仪要求。

任务三 认知饭店服务礼仪的重要性

案例导入

4月1日，某大饭店的大厅内，饭店员工正在以小组为单位进行礼仪表演，这正是这家饭店的"礼仪活动周"活动。这场礼仪表演将选出优秀礼仪选手，这位选手除了可以获得一定的奖励外，在未来的一周，他将每天在员工餐厅的通道上做礼仪规范服务示范员。每当一位员工从此经过，优秀示范员便会微笑问候并配以规范手势引领服务。此外，饭店每天早、中、晚会进行礼仪培训，届时将以优秀选手作为示范榜样。

"礼仪活动周"正是这家饭店为保证服务质量做出的有效尝试。

该饭店自从被评为五星级饭店后，员工优质的服务受到好评，一直处于营业的高峰期。但是，由于少数员工过于劳累，客人多又要求快捷，渐渐地，服务就不规范标准了，客人中出现了一些关于服务质量的投诉。饭店管理者发现

单元一 认识礼仪与饭店服务礼仪

后，赶快进行整改，在员工中开展"礼仪活动周"活动。"礼仪活动周"定时选出一位优秀礼仪示范员做为示范榜样，这在员工中引起了很大反响。为配合"礼仪活动周"，该饭店利用广播宣传以文明礼貌为中心的优质服务，并配有图片展示、模范报道、奖励办法，内容生动，形式丰富多彩，员工在参与中获得很大的启迪和陶冶。饭店还会在员工通道的橱窗里张贴各种照片，示范文明礼貌的服饰与仪容、举止与行为，介绍文明礼貌方面表现突出的员工。

"礼仪活动周"活动已成为该饭店的一项定期管理制度，使整个饭店的服务水平大大提高，从而促进服务质量上了一个新台阶。

服务礼仪是饭店服务质量的集中体现，是优质服务的重要标准。有些饭店在营业情况理想之时，往往会忽视服务质量，导致服务质量下降，服务标准降低，进而影响企业发展。该饭店虽处在营业高峰期，但一发现有服务质量下降的苗头，立即抓住提高服务质量的关键，及时推出一月一度的"礼仪活动周"活动，通过不间断的、多样的文明礼仪的强化实践培训活动，营造浓烈的礼貌氛围，让员工在活动中接受磨炼、陶冶，强化服务意识，使规范标准服务礼仪意识在员工头脑中牢牢扎根，养成文明礼貌的好习惯，使之成为一种自觉行动，从而使服务质量得到提高，优质服务得到保证。

一、饭店服务礼仪是饭店服务形象的重要标志之一

每个员工都是企业的一张名片，代表着企业的形象，关乎着企业的成败。饭店的服务质量取决于两个方面：硬件设施和软件服务。现代饭店业之间的竞争，主要是服务的竞争。饭店工作的特点是直接面对客人提供服务，客人对饭店员工的"第一印象"是至关重要的，而"第一印象"首先来自一个人的仪容仪表及规范举止。热情的问候、规范优雅的举止、体贴细心的服务都会对饭店产生积极的宣传作用。如在任何场所看到客人，在不打扰客人的前提下，都微笑问好，并主动服务需要帮助的客人；如知道客人姓氏后，称呼客人姓氏。服务人员要培养自己的观察力、记忆力和反应能力，记住客人的房号、姓名和特点，做到细心周到地服务，给客人留下良好的印象。

比如前厅服务要求：在为客人办理入住登记时，服务人员要在五米之内微笑点头致意，两米之内鞠躬问好，至少要称呼客人姓氏三次；要熟记VIP的名字，尽可能多地了解他们的资料，争取在他们来店时直接称呼他们的名字；要对客人做出超水准、高档次的优质服务，把每一位客人都看成VIP，使客人从心里感到饭店永远不会忘记他们。

23

二、饭店服务礼仪是服务人员基本素质的体现

随着经济的发展，人们的消费水平不断提高，国际交往也越来越频繁，饭店必然要面向全球市场。这就要求饭店要以国际标准为标准进行严格要求，加强员工的礼仪培训，提高员工的基本素质，从而提高饭店在全球市场中的竞争力。饭店员工也要认真学习礼仪规范，在服务过程中把"为客人服务为第一宗旨"这一观念贯穿服务始终，做到礼貌、热情、周到、体贴，在为客人提供规范化服务的同时，为客人提供优质的个性化服务。

服务人员的基本素质不仅表现在个人形象及为客人提供优质服务方面，还体现在良好的人际关系方面。良好的团结协作，有助于提高饭店服务工作的工作效率，促进服务工作的开展。饭店各部门员工要有明确分工，也要互相帮助，要具备团队意识，形成互敬互帮的友好关系。这就要求员工彼此之间学礼、懂礼、用礼，只有这样，才能做到良好的沟通与合作。学习礼仪可以改善我们对客服务时的胆怯、害羞与差错，给我们带来更多的自信和勇气，从而和客人更加顺畅、亲切、自然地沟通。自己工作开心，客人舒服满意，达到优质服务的效果。

三、饭店服务礼仪有助于提升饭店的社会效益和经济效益

饭店经营的最终目的是取得良好的社会效益和经济效益，而这取决于饭店的硬件和软件。随着人们生活水平的提高，人们对饭店业的服务也提出了更高要求，服务也成了各饭店间竞争的重要因素。服务分为有形服务和无形服务，有形服务是看得见的，如：微笑、问好、标准的操作等；而无形的服务是在员工对客人服务过程中，客人体会到的一种心理感受，它也是饭店服务质量的关键。服务礼仪贯穿于饭店服务过程的始终，饭店的每一项服务项目都离不开礼貌服务。良好的服务礼仪和完备的设施都可以为饭店创利润，而当今，优质的服务是企业良好口碑的关键。

四、饭店服务礼仪是优质服务的基础和保证

客人是饭店的财源，是饭店发展的基础。饭店服务人员只有做到礼貌规范服务才能使客人满意，才能给客人留下美好的印象并为自己带来良好的口碑。服务人员的服务水平在很大程度上决定着饭店的服务质量，良好的服务礼仪是优质服务的保障。饭店服务首先指的是服务人员为客人所做的工作，从形式上

看，服务就是服务人员所做的清洁卫生、服务准备、服务接待等工作，但实际上，服务是服务人员通过语言、表情、姿态所体现出的对服务对象的欢迎、帮助、尊重，以及服务人员敬业爱岗的服务精神、热情周到的服务态度、顾客至上的服务意识、丰富准确的服务知识、灵活专业的服务技巧、简单快捷的服务效率等内容，而这些可以说是饭店服务产品的核心内容。所以我们说，服务礼仪是优质服务的关键，是优质服务所必需的。

现代最佳饭店的十条标准，第一条就是"一流的服务水平"，这就要求服务人员仪表端庄、举止规范、语言文明。有形、规范、系统的服务礼仪，不仅可以为服务人员和饭店树立良好的形象，还可以塑造受客户欢迎的服务规范和服务技巧，能让服务人员在和客户交往中赢得理解、好感和信任，提高饭店的知名度和影响力。

五、饭店服务礼仪是提高我国饭店业在国际上的竞争力和影响力的需要

客人对一个饭店的评价，不仅仅取决于它的硬件设施，还有心理感受，而这种感受更多地取决于员工的服务水准。随着改革开放的进一步扩大和国际交流的日益密切，来我国观光旅游的外国人及回大陆探亲访友的港澳台同胞越来越多，饭店是他们认识中国、了解中国改革开放的窗口。服务市场的竞争是一种形象的竞争，服务人员的言行举止代表着中国人的形象。高素质的服务人员有利于提高饭店的文化内涵和品牌效应，而饭店能否在国际竞争中保持优势地位，良好的品牌形象起着非常重要的作用。在服务中，如果每一个饭店服务人员都能够做到语言礼貌，着装得体，举止文明，彬彬有礼，饭店就会赢得国际社会的信赖和支持。饭店专业的学生既要注重培养良好的道德，也要学习饭店服务礼仪并熟练掌握，还要了解各客源国的风俗习惯、礼貌礼节，以得到国内外客人的认可，这样才能体现服务接待工作的高质量、高水准，进而提高我国的国际影响力。

🎧 课后作业

1. 为什么说饭店服务礼仪是饭店形象的重要标志？
2. 为什么说饭店服务礼仪是优质服务的关键？
3. 为什么说饭店服务礼仪是提高我国饭店竞争力和影响力的需要？

💡 技能实训

根据"提高饭店服务质量从我做起"的要求,结合饭店服务礼仪,学生之间分组进行礼貌语言和礼貌行为的模拟训练。模拟完毕,学生之间互相点评,教师进行总结提升。

单元二　塑造饭店服务人员的个人形象

学习目标

1. 了解饭店服务人员在不同场合应具备的基本素养要求。
2. 掌握饭店服务人员仪容仪表的基本要求。
3. 掌握饭店服务人员的几种站姿要求。
4. 掌握饭店服务人员的几种坐姿的要求。
5. 纠正不正确的走姿。
6. 掌握饭店服务人员在不同场合的规范手势动作。

饭店业是我国第三产业的重要组成部分，其服务质量直接影响到经济的发展。饭店服务人员的礼仪规范形象，就个人而言，是衡量道德水准高低和有无修养的尺度，就企业而言，是企业整体形象和文化的代表，更反映了一个国家精神文明程度和民族文化修养。提高饭店服务人员的综合素质，特别是提高服务人员的文明服务水平，塑造良好的个人形象，是饭店业发展的必要条件。

任务一　仪容仪表的基本要求

心理学家说"七秒钟决定第一印象"，而第一印象有60%来自仪容仪表。饭店服务人员的工作特点是直接向客人提供服务，因此，整洁清爽的仪容仪表有利于客人对服务人员及饭店产生良好的初印象。

客人对饭店服务人员第一印象是至关重要的，这影响着客人后续的消费体验。因此，注重仪容仪表是对饭店服务人员的一项基本要求，也是饭店服务人员应具备的基本素养。良好的仪容仪表既能体现员工的个人素养，也是饭店文化的展示，体现着饭店对客人的尊重。如果饭店服务人员衣冠不整、不修边幅、憔悴无神，客人会认为他是生活懒散、作风拖沓、责任感不强、不尊重别人的人，也会对饭店产生不信任感，进而影响饭店的发展。

饭店服务人员的仪容仪表美在服务中是礼貌、是尊重，能够影响客人的服务体验，仪容仪表美能够在形式和内容上打动客人，使客人满足视觉美的需要。如服务人员无论面容多好，都要适度化淡妆，给客人以仪式感。外观整洁、端庄、大方的服务人员，可以使客人感到自己的身份地位得到应有的承认，求尊重的心理也会获得满足。可以说，饭店服务人员的仪容仪表反映着一个饭店的管理水平和服务水平。在国内外评旅游饭店星级的标准中就有考核员工仪容仪表一项。

一、个人清洁

个人卫生，是个人仪容仪表的第一步，它是仪容美的基础，也是提高服务质量的必须。其基本要求是：在干净整洁的基础上，展示端庄、自然、大方的形象，给客人以美的享受。饭店员工要严格要求自己，养成良好的个人卫生习惯，具体要求做好以下几方面。

（一）头发的清洁

头发要勤梳洗，不能有异味，应保持头发干净清爽，不能有头皮屑，更不能让头皮屑掉落在衣领上。发型要朴素大方，女士根据不同岗位可选择齐耳短发或盘头，盘头高低要和服装款式及饭店特色相一致。不允许披肩发，头发不应遮住脸部，刘海要在眉毛之上。男士头发要求前不遮眉、侧不盖耳、后不触领，不能烫发，可选择中分式、侧分式、短平式、后背式。无论男士还是女士，都不可将头发染成黑色或棕色以外的颜色。

（二）面部的清洁

要注意面部清洁并进行适当的修饰，不能有油腻感。女士要化淡妆，并且适时补妆，不可浓妆艳抹，不可使用气味浓烈的化妆品。男士要剃净胡须、刮齐鬓角、剪短鼻毛，不留小胡子和大鬓角。男士如果是油性皮肤，也可以适当用和肤色一致的粉底遮瑕，或在适当时候用去油化妆纸揩去油脂。

（三）手部的清洁

服务人员要及时保持手部的清洁，常修指甲，不允许留长指甲，指甲里不允许藏污纳垢，不能涂有色指甲油，最好不涂指甲油，如厕及拿不洁净东西后必须及时洗手。

（四）口腔的清洁

服务人员要做到勤刷牙、勤漱口，清洁口腔时要注意去除食物的残留物，上班前不要吃大葱、大蒜之类有异味的食物，必要时可含一点茶叶或嚼口香糖去除异味，但不能边嚼口香糖边工作。

服务人员不能在工作场所吐痰、擤鼻涕，如有需要，要在洗手间使用纸巾处理。在工作场所应避免咳嗽、打喷嚏、打嗝，来不及远离顾客，也来不及用纸巾掩住口鼻时，应立刻转身背对顾客，用胳膊肘掩住口鼻，转回来的时候应对顾客说"对不起"。

知识链接

饭店服务人员卫生规范

五勤：勤洗澡、勤理发、勤刷牙、勤刮胡须、勤剪指甲。

三要：工作前后要洗手、大小便后要洗手、早晚要漱口。

五不：（在工作时间，宾客面前）不抓头发、不掏耳朵、不抠鼻子、不剔牙、不打呵欠。

二注意：（工作时）注意不吃韭菜、大葱、蒜、榴梿等有强烈气味的食物，注意背对宾客咳嗽、打喷嚏，并用纸巾遮住口鼻。

二、淡妆原则

饭店女服务员的妆容直接反映饭店的管理水平和整体精神面貌，能够令客人感受到饭店的星级标准。如不化妆，一方面是对客人的不尊重，另一方面会让客人产生服务人员精神不振作的感觉。服务人员的妆容应以淡妆为原则，浓妆既不是生活妆，也不庄重，还会喧宾夺主。服务员的妆容要自然大方，扬长避短，素净雅致。不能用闪光粉及带有芳香的化妆品，如香水、香粉。化妆的目的在于避短而不是扬长。化妆时，修饰的重点是面颊、眼部和嘴唇。

淡妆原则

（一）打粉底

打粉底，是以调整面部皮肤颜色及质地为目的的一种基础化妆，起着美白和遮瑕的作用。打粉底前，要先清洁面部，然后根据皮肤特点，选择清爽型或滋润型的化妆水、精华、乳液、面霜，再选用与自己肤色相近的粉底，涂匀。粉底要自然过渡，尤其是脖颈部位及耳朵，不能"挂霜"或过厚。要记得定时补妆。

（二）画眼线

眼线的颜色要根据皮肤颜色选定。皮肤较白可选择棕色系，皮肤略黑则选择黑色系，以达到自然的效果。画眼线一般应紧贴眼睫毛。画上眼线时，应当从内眼角朝外眼角方向画，到眼尾处略上提；画下眼线时，则应当从外眼角朝内眼角画，并且在距内眼角约1/3处停止。年龄在45岁以上的服务人员要避免使用眼线液，眼妆应以清淡为主。

（三）涂眼影

眼影要根据场合及自身的脸型、气质而定。化工作妆时，25岁以下可选择浅色，如肉粉色系，青春可爱；25岁以上一般选用大地色系；也可根据服饰选择同一色系。服务工作要选择庄重自然的眼影妆。涂眼影的主要目的在于强化面部的立体感，使双眼看起来明亮精神。

（四）修眉形

眉笔的颜色要依皮肤颜色而定，皮肤较白选择棕色系，皮肤略黑选择黑色系。眉形要依据脸型及性格特点而定，不可为了追求时尚而千篇一律。画眉型之前要先修眉，拔除杂乱的眉毛，然后描出想要的眉形，再根据眉毛的走向进行细描，力求自然、仿真。

（五）涂唇膏

唇膏的颜色，一方面最好与服装、肤色、眼影、腮红等颜色为一个色系；另一方面要以年龄、工作性质来选择，工作期间要选用自然大方的颜色，切忌颜色过深过浓。唇形要和脸型及气质吻合。男性则宜选无色或自然色唇膏。涂毕唇膏后，要用纸巾吸去多余的唇膏，并细心检查一下牙齿上有无唇膏的痕迹，吃过东西后或时间久要注意补妆，避免唇妆斑驳。

（六）头发的要求

头发要保持清爽，避免油腻。服务人员的头发，无论男女，都要干净利落、精练大方，不染带有颜色的头发。男服务员不留长发，侧不过耳，前不遮眉，后不触领。女服务员盘发或留利落的短发，盘发低端不超过耳朵上线，且不能有碎发。

此外，根据自身年龄及肤色，服务人员可以适当涂腮红，腮红的颜色要与服装、口红、眼影属于同一色系，以表现妆面的和谐之美。肤色白可选择桃红、粉红，肤色黑可选择橘红。

饭店服务员尽可能不用香水或者选用气味淡雅清新的香水，自己闻到即可，因为客人的喜好不同，且有些客人有过敏体质，不用香水可以避免引起客人不适或反感。香水要和自己使用的其他化妆品的香型大体一致。

三、工作服装及配饰要求

（一）工作服装要求

服务人员的工装要求：清洗干净无污渍，熨烫平整无褶皱，扣子整齐无缺损，胸牌统一无错乱。男性服务人员要求穿黑色袜子和黑色皮鞋，或穿饭店要求、提供的工袜，不露小腿及袜口；要注意检查袜子是否有破洞或拉丝，如有则及时更换；要随时检查鞋子是否干净、光亮。屈肘或抬臂时，衬衫袖口应露出1.5厘米左右。西服套装的口袋里不能装过多东西，口袋处不能鼓起。

女性服务人员要穿黑色皮鞋或布鞋（根据服装搭配），肉色丝袜，不允许佩戴首饰（结婚戒指除外）。女士裙装不能短于膝盖上缘以上一寸。裙装应搭配肤色连裤袜，不能穿短袜直接露出袜口，也不能光腿直接露出腿部皮肤。

服务人员的所有制服都不能过于紧身，制服面料较薄时应搭配内衬或衬裙，但衬裙等不能露出，也不能透出或显露出内衣的轮廓。西装款式的制服应搭配船形皮鞋（一般为黑色）和肤色袜子。膝盖或脚踝处的袜子不能出现褶皱。

裤长要合适，太短或太长均不可。站立时，长裤裤脚应盖住脚踝，不露出袜子，裤前皱褶不超过一个。穿长袖工作服垂臂时，袖子应当盖住腕骨，不长于大拇指根部。长袖不能挽起。

1. 忌脏

穿戴制服首先要保持清洁，不能有任何污渍，特别是袖口。服务人员要按饭店要求定期换洗制服，特殊情况则随脏随洗。干净的制服是优质服务必要条件，饭店员工要自觉保持。避免乱倚、乱靠弄脏制服。

2. 忌皱

制服不能有一丝褶皱和折痕，脱下来的制服应该挂好或叠好，出现褶皱后要随时熨烫。穿制服坐下时，要用手拢一下，以避免褶皱。

3. 忌破

制服一旦产生明显的破损，就要换掉。如遇掉扣、开线等问题，要及时修补。在工作岗位上，不能有任何瑕疵。

4. 忌杂

制服要按照饭店要求搭配。决不能不系领扣、卷起袖口、挽起裤腿、不穿袜子、露出脚踝、不系领带、衬衫下摆露在外面等。

5. 忌串

无特殊情况制服不允许换穿，以免发生不必要的麻烦。工卡名牌应佩戴在正确的位置，并调至正确方向（左肩和腋下之间的统一位置），要保持工卡的干净、清洁，没有任何污损。

饭店员工的制服要和国际通行做法接轨。内部岗位，如门童、行李员、西餐厅服务人员、厨师等的制服虽各有不同的样式，但许多款式在国际上是约定俗成的。如门童的制服多为色彩醒目、装饰华丽的西服或制服；正规西餐服务人员的制服是黑色燕尾服、马甲、白色礼服衬衫、领结。着装统一执行时段为：夏装5月1日—10月31日，冬装11月1日—4月30日（各地可依天气自行调整，但各岗位要统一）。

（二）配饰要求

1. 铭牌或徽章

铭牌或徽章应佩戴在左胸前，高度在肩部及腋窝之间，饭店内部要统一位置。

2. 头饰

长发女员工佩戴统一头饰（黑色或宝石蓝）或不带头饰，发髻低端不超过耳朵上部。

3. 手表

除了手表外，手腕不带其他饰物；表带以金属或皮质为宜，宽度不超过2厘米；不佩戴工艺、卡通和造型夸张的手表。

4. 耳饰

在服务岗位上男士不佩戴任何耳饰，女士应选择与自己气质、脸型、发型、着装等协调搭配的耳饰，只能佩戴小巧的耳钉，或不戴耳饰。出于卫生及安全要求，饭店服务岗位上的服务人员一般不允许佩戴戒指。不能佩戴足饰。

知识链接

1. 着装"TOP 原则"

"TOP"是三个英语单词的缩写,分别代表时间(Time)、场合(Occasion)和地点(Place),即着装应该与当时的时间、所处的场合和地点相协调。

(1)时间原则。

着装要随时间而变换。白天工作时,要着工作制服。下班回家或者参加各种活动时,则要依场合的不同选择恰当的服饰。服装的选择还要适合季节气候特点。

(2)场合原则。

衣着要与场合协调,即有正装与便装之分。隆重正式的活动,如与顾客会谈、参加正式会议、婚礼、听音乐会或看芭蕾舞、出席正式宴会时应穿正装;而在朋友聚会、郊游等场合,则可以穿休闲服或运动装。

(3)地点原则。

服装一方面要入乡随俗,在不同的地域选择适合当地的服饰;另一方面,在同一地域的不同地方,也要选择恰当的服装。着装要体现尊重他人和舒适自己原则。

2. 西装

西装、衬衫、领带三者之间关系密切。男士西服如果作为礼服穿着,领带是必须系的,平时上下班或准备参加一些正式场合的活动及访亲拜友,只要穿上有座的硬领衬衣,就要系上领带。领带的颜色、质地,要根据西服的颜色、质地及衬衣的花纹、颜色而定,力求协调。穿素色西装、白色衬衫时,宜用条子、格子、素色、抽象花的领带;穿条纹衬衫、条纹西装时,可用素色领带。领带颜色的选择,还应考虑场合。参加喜庆宴会时,要选用红色或色调花哨的领带;在庄严肃穆的场合,应用深色或黑色的领带。需系领带的衬衣领,大小要适宜,实在不合适时,宁小勿大。系好的领带要求平整且自然下垂,领带驳头长度正好在腰带扣的位置。衬衣外面不可以穿羊绒衫或其他衣服。一般来说,衬衣领的高度应比西装高出 1.5~2 厘米,衬衫的袖长也要比西装的袖长长 1.5~2 厘米。裤子的长度为到达脚面长处 1 厘米。

穿西装时要穿制式皮鞋,即系鞋带的正装皮鞋,除白色西装外,其他颜色的西装均以搭配黑色皮鞋、黑色袜子为宜。

（1）平结。

平结是最多男士选用的领结打法之一，也可以说是最经典的领带打法。平结风格简约，打结的步骤简单（见图2-1），领结呈斜三角形，适合窄领衬衫。

图2-1　平结打法

（2）温莎结。

温莎结一般用于商务、政治等特定场合。温莎结非常漂亮，属于典型的英式风格，其步骤在几种常用的领带打法中可以算是最复杂的了（见图2-2）。温莎结适合宽领型的衬衫，该领结应多往横向发展。材质过厚的领带不宜打温莎结，领结也勿打得过大。

图2-2　温莎结打法

（3）半温莎结。

半温莎结让男性看起来有风度、有自信。半温莎结是一种比较浪漫的领带打法，近似正三角形的领型比四手结打出的斜三角形更庄重，其结型也比四手结稍微宽（见图2-3）。半温莎结适用于各种场合，在众多衬衫领型中，与标准领最为搭配。如果是休闲的时候，用粗厚材质的领带系半温莎结，能凸显出一股随意与不羁。

单元二 塑造饭店服务人员的个人形象

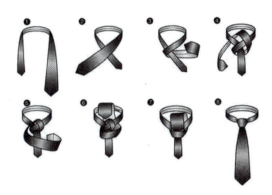

图 2-3 半温莎结打法

🎧 课后作业

1. 简述饭店服务人员的个人卫生要求。
2. 简述饭店女性员工的淡妆原则。
3. 简述饭店服务人员的工装要求。

💡 技能训练

学生两人一组，进行化妆及头饰练习。学生先为自己化妆，佩戴头饰，然后两人之间互相检查，最后教师选出优秀者进行展示，点评。

任务二　饭店服务人员的姿态要求

站、坐、行、蹲是饭店服务人员在服务中经常用到的四种仪态。仪态是指人在行为中的姿势和风度。姿势是指身体呈现的样子；风度是一个人通过言谈、举止、服饰、态度和作风等形式自然流露出的内在美。

良好的仪态、优美得体的体态语言，可以向客人表达欢迎、尊重、真诚，满足他们对尊重和审美的需要。

一、站姿

（一）站姿的基本要求

站姿是优美姿态的基础，标准站姿的要求如下：

站姿

（1）身体挺拔，抬头，头顶上悬，脖颈挺直。

（2）微收下颌，双目平视，头和下巴成直线，下巴和地面平行。

（3）双肩放松，稍向下压，双臂自然垂于体侧，五指并拢。

（4）脊椎、后背挺直，胸向前上方挺起。

（5）两腿并拢立直，膝盖、脚跟靠紧。

站立时，三种肌肉力量要相互制约：髋部向上提，脚趾抓地，否则膝部容易弯曲；腹肌、臀肌收缩上提，前后形成夹力，否则腰就会松下来，出现挺腹或撅臀的现象；头顶上悬，肩向下沉，会使人体有向上的感觉，不然人就会沉下来，缺乏力度。

（二）工作场合中的三种站姿

1. 男士站姿

（1）垂直站姿。

男士站姿

垂直站姿也叫标准立正姿态，是用于早会、大型集会、升旗等严肃场合的肃立姿态。

挺胸、收腹、抬头、立腰、立背、提臀，头顶上悬，脖颈挺直；微收下颌双目平视，头和下巴成直线，下巴和地面平行；双肩放松，稍向下压，双臂自然垂于体侧；脊椎、后背挺直，胸向前上方挺起；两腿并拢，膝盖夹紧，脚跟并拢，脚尖成30度或45度，面目表情平和自然（见图2-4）。

图2-4 男士垂直站姿

（2）前腹式站姿。

在标准站姿的基础上，脚跟并拢，脚尖分开成30度或45度，双脚重心分散于两脚上，两手在腹前交叉，左手在上，右手在下，右手握空拳，左手放于右手手背上，五指并拢，小指边缘在右手骨节边。双手自然放于肚脐下一寸位置（见图2-5）。面目表情平和自然，根据场合适度微笑。此种站姿用于服务场合。

（3）跨立式站姿。

在标准站姿基础上，两脚开立与肩同宽，两手背于身后腰际，右手握空拳，左手握右手手腕（见图2-6）。此种站姿用于体现男士阳刚之气的场合。

图2-5 男士前腹式站姿

（a）

（b）

图2-6 男士跨立式站姿

2. 女士站姿

（1）垂直站姿。

女士垂直站姿的要点同男士站姿，不同点是两脚开立15度或30度，根据场合确定面目表情。

（2）前腹式站姿。

在标准站姿的基础上，脚跟并拢，脚尖同样并拢或两脚分开成15度或30度，两手在腹前交叉，右手在上，左手在下，虎口相交，右手食指靠近左手骨节，四指自然并拢，两个拇指不外露，拇指根微贴身体，双手自然放于肚脐下一寸位置（见图2-7）。根据场合适度微笑。此种站姿用于服务场合。

（3）礼仪站姿。

在标准站姿的基础上，左脚向左30度或45度打开，右脚侧后，脚心在左脚脚跟处成丁字步，两手在腹前交叉，右手在上，左手在下，虎口相交，右手食指靠近左手骨节，四指自然并拢，两个拇指不外露，拇指根微贴身体，双手自然放于肚脐位置。两肩自然放松，两臂略打开，三度微笑（见图2-8）。此种站姿用于有仪式感的场合。

女士站姿

图 2-7　女士前腹式站姿　　图 2-8　女士礼仪站姿

3. 注意事项

（1）站立时，切忌东倒西歪、身体扭曲、无精打采，不要懒散地倚靠在墙上、门上、桌子上等。在服务过程中，切忌倚靠，尤其不要养成倚靠吧台的习惯。无论何时何地，都要保持标准服务站姿。

（2）值台服务时，不要低着头、歪着脖子，不要含胸、弯腰、端肩、驼背。

（3）不要将身体的重心明显地移到一侧，只用一条腿支撑着身体，另一只腿弯曲。

（4）不要下意识地做小动作，如不由自主地抖腿，用手摆弄头发、抠指甲、玩弄笔等。

（5）不要将手插入裤袋，这样的站姿会显得人非常随意。不要将双臂抱于胸前，这样的动作会被理解为傲慢或拒绝交流。不要将两手置于背后，这样的动作看上去像是在显示权威。男子双脚左右开立时，要注意双脚之间距离不可过大。站立时注意不要一站"三道弯"，不要挺腹翘臀。女士站立时尤其要注意不要让臀部撅起，要注意保持良好的姿态（见图 2-9）。

图 2-9　良好的姿态

单元二 塑造饭店服务人员的个人形象

二、走姿

走姿是站姿的延续，是人体呈现出的一种动态。文雅、端庄的走姿能给人沉着、稳重、冷静的感觉，能展示出一个人的气质和修养。

无论是在日常生活中还是在社交场合，走姿往往是最引人注目的身体语言。走姿也是服务中使用频率很高的姿态，可以表现服务人员的风度和活力。走路姿态应该是优雅、自然而简洁的，要保持身体挺直，不要摇晃。男性走路要显示出阳刚之美，女性则要款款轻盈，显出阴柔之美。女性走路时要走一条直线，穿裙子时步履要稍小，前后约一脚距离，通过裙子下摆与脚的动作展示优美的韵律；穿裤装时，步幅应稍微加大，显得潇洒干练。

（一）走姿的基本要求

走姿是服务人员最最常用的姿态之一，规范的走姿以端正的站姿为基础。

男士、女士走姿

（1）双目平视，炯炯有神，收颔，微笑，表情自然。

（2）双肩平稳，以肩关节为轴，大臂带动小臂，双臂前后自然摆动，摆幅以 15～30 度为宜，男服务员手臂外开不超过 30 度，女服务员不超过 15 度，要避免左右摆动。

（3）上身挺直，头正、挺胸、收腹、立腰、立背，重心稍向前倾，大腿带动小腿前行。要注意步位，起步时，身体微向前倾，脚跟先接触地面再依靠后腿将身体重心送到前脚掌，使身体前移。行走中，身体的重心要随着移动的脚步不断向前过渡，而不要将重心停留在后脚，在前脚着地和后脚离地时要注意伸直膝部。

（4）步幅适当。一般来说，前脚的脚跟与后脚的脚尖相距为脚长。跨步时，两脚之间的距离约一只脚到一只半脚，男士步幅略大，女士略小。走路时，要保持步伐稳健，步履自然，要有节奏感，要保持一定的速度。走路速度过快容易给人留下浮躁、慌张的印象；过慢则显得没有生气和活力，也会影响工作效率。一般情况下，男士每分钟行走 108～118 步，女士每分钟行走 118～120 步。

在服务中，服务员无论手里是否有服务用品，走路都要干净利落，优雅大方，不拖沓，不摇摆，不东张西望，避免内八字、外八字。走路途中遇到客人时，如果不方便打招呼，要用眼神交流，向客人问好。

知识链接

行走礼仪

行走时，首先要遵守交通规则；过马路时要走人行横道，避让来往车辆，不能抢行；行走中要做到既文明，又礼让，还要保证安全。遇到车让行人，要快速通过，以示尊重。应靠右边行走，切不可走到对面方向的右侧，给对面的行人造成不便。

行走时，不要东张西望、左顾右盼，不要走曲线，不要妨碍他人行走。路遇在街道另一旁行走的朋友，举手或点头致意打招呼即可，不必高声叫喊，惊扰他人。当熟人从对面走来，应打招呼问候，如寒暄后还想多做交谈，应引至路边，不要妨碍他人行走。

行走时，在狭小空间有人迎面走来，应主动向右侧避让，让对方先过去。如果道路过分狭窄，则让路者应退至道边，甚至让出人行道。

行走时，若提着东西，要尤其注意不要让物品挡住或碰撞他人，提东西一般用右手，最好不要左右手都用；如果多位并行，则提东西的人应走在外侧；一般在人多的街道上行走，要掌握走路的速度，不要并排行走，不要挡住后面的人。

行走时，不要边走路边吃东西，这样既不卫生也不雅观。要自觉维护环境卫生，不随地吐痰，不乱扔果皮、纸屑等杂物，应将其扔到垃圾箱中。

行走时，如遇到他人问路，不论对方是男女老幼、高低贵贱，都应尽力相助，为其指清方向，不能置之不理。若实在不知道，则应向对方说明。自己问路时要用礼貌语言，如"您好""请问""打扰您了"等礼貌用语，然后根据年龄、性别选择礼貌称呼"阿姨""叔叔""先生""女士"等。发问时要用请求语气，无论对方能否为你指路，最后都要诚恳致谢。

（二）行进中的礼仪

行进中应该做到以下几点。

（1）遵守交通规则，行进中不能三人以上横排行走，不追跑打闹，不逆行，不大声喧哗、勾肩搭背，这些行为即会打扰他人，又是不安全的。

（2）行走时不要随意变化路径，妨碍他人，影响交通。

（3）走路时姿态要端正，避免摇头、晃肩、扭臀、左顾右盼、步速忽快忽

单元二 塑造饭店服务人员的个人形象

慢，这些行为会影响他人行进，也不安全。

（4）行进中，本着以右为尊的原则，且人行道的右侧是最为安全的位置，应将其让给长者、上级或女士。如果三人行走，尊者为中心原则。

（5）和他人一起行走（尤其是客人、长辈、上级），遇到拐弯处或需要开门等引领手势时，应该走在客人的左前方一米左右。侧身向着客人；当在狭窄空间与人相遇时，也要采用侧身步，不能将后背、臀部正对他人或转向他人，这是失礼的表现。

（6）当空间较小需与客人前后行进时，即两人在一条行进路线上，一般应该让客人走在前面。如果对面走来客人，应该退后一步，让客人先行。

（7）与人告别时，先向后退一步，再鞠躬（度数依场合、情况而定），然后转身离去，这样会留给对方谦逊稳重的印象。退步时，脚步要轻，后退的步幅要小。转体时要先转身体，头稍后再转。

（三）走楼梯的礼仪

（1）上下楼梯，安全第一，不可边走边看手机、一步几个台阶（有急事除外）、跑跳打闹、大声喧哗、并排行走（楼梯没人且可以容纳两个人并排行走的除外），要保持身体姿态端正，与前后人之间有一定距离，以相隔两三级台阶为宜。应靠右侧稳步通行。

（2）两人并排行走时，内侧高于外侧，前者高于后者。当客人对环境陌生时，陪同人员或主人应在客人左前方1米处进行引导。引领时，要礼貌叮嘱客人注意路况，如小心台阶、小心路滑等。男女同行时，一般女士走在前方。

（3）上楼梯时，要引领客人先上，然后自己退后一个阶梯以防同行人不慎摔倒。下楼梯时，要走在客人前面，保护客人安全。如果是女士穿裙装，不想走在前面，要尊重女士选择。

知识链接

乘坐电梯的礼仪

电梯礼仪主要分为出入电梯的次序和在电梯内站立的位置两种场合。

1. 出入电梯的次序礼仪

出入有控梯员的电梯，陪同人员应让客人先进先出，并以手势微笑引领，配以礼貌用语如"您请""请"等。

出入没有控梯员的电梯，陪同人员应该先行进入电梯，一手按"开门按钮"，一手拦住电梯侧门，礼貌地说"您请"。

如果电梯里人很多，自己的位置不方便按电梯，应礼貌地对靠近电梯门的人说："麻烦您帮我按下×层的按钮，可以吗？"然后真诚地道一声"谢谢"。

到达客人要去的楼层后，陪同人员一手按住"开门"按钮，另一只手做出请的动作，说："××楼层到了，您先请！"待客人走出电梯后，自己立刻步出电梯，按礼仪规范要求为客人做引领。

2. 电梯轿厢内位置的礼仪

电梯内的位置有"尊卑"之分。电梯按钮一侧最靠后的位置是尊位，安全无碰撞，应该让给客人。其次是这个位置的旁边，再其次是这个位置的斜前方，最差的位置就是挨着控梯员。

3. 电梯内的距离礼仪

电梯是狭小的空间，在条件允许的情况下，要尽可能和他人保持最远的距离，避免侵犯他人的隐私空间，给他人带来不舒服甚至恐惧的感觉。

4. 电梯内语言举止礼仪

在电梯内如果有其他客人，最好不说话或小声说话，音量以不打扰他人为宜。下电梯时，如果前面有人，应礼貌说"麻烦您让一下""谢谢您"，然后侧身行进。

三、优雅的坐姿

俗话说："站如松，坐如钟，行如风。""坐如钟"，是说坐相要像钟一样稳重沉着。作为饭店服务人员，要以坐得文雅自如为上，其要求是：坐姿端庄、稳重、自然、亲切。

（一）坐姿要求

（1）入座时要轻而稳，要把握好节奏与速度，稳步走到座位前面侧身，右脚后退半步，小腿正好抵在椅子边缘，左脚跟上，然后轻稳坐下，坐下后再调整坐姿。

（2）要求坐满椅子的三分之二，不靠椅背，上体挺直，腰部要立住，大腿小腿成90度或稍大于90度，而后再变化不同姿态。头、颈、躯干和四肢要协调自然，给人以端庄、大方、自然、舒适的感觉。

（3）女士入座时，如果穿的是裙子，应该提前用单手或双手手背将裙摆稍稍拢避免出皱，要避免坐下后再摆弄裙子、挪动身体。无论何时，女士坐姿都要求双脚双膝并拢。

（4）就座之后要保持头正，双目平视，下颌微收，面容平和自然，依场合决定笑容的度数。两臂自然弯曲放在膝上，双肩自然放松，不要端肩。

（5）起立时，动作要轻而稳，右脚后退一步，起立，左脚跟上并拢，然后行走。这一过程尽可能不要发出声音。

（二）工作场合中的坐姿

1. 男士坐姿

（1）正坐。

在基本坐姿的基础上，两腿打开一脚距离，脚尖开立15~30度，大腿与小腿之间成90度，两手握空拳或五指并拢放于大腿之上（见图2-10）。此种坐姿用于正规场合，如面试、开会等。

图2-10 男士正坐

男士坐姿

（2）前伸式坐姿。

在正坐基础上，右脚向后撤半步，脚心在左脚脚跟处，两脚间距一脚距离，脚尖开立15度。此种坐姿适合比较正式的场合，如社交谈话等。

（3）交叉式坐姿。

在正坐的基础上，两脚前伸成交叉状。此种坐姿用于非正式场合。

2. 女士坐姿

（1）正坐（标准式）。

无论在任何场合女士坐姿都要两膝两脚并拢。在基本坐姿的基础上，坐下后上身正直，头正目平，面带微笑（微笑度数依场合而定），或表情严肃（特殊场合）。两手交叉（标准站姿手势）

女士坐姿

放在两腿间或一腿裙沿位置，以避免走光。座椅有扶手时可双手轻搭于扶手上或一搭一放。两脚自然靠拢，大腿与小腿成90度或略大于90度，两膝靠拢（见图2-11）。此种坐姿适合于正式场合，如面试等。

（2）侧点式坐姿。

在正坐坐姿要求的基础上，双膝并紧，上身挺直，两小腿向左或右斜伸出，两脚尖着地，内侧脚后撤，两脚尖前后相距一寸距离，脚跟提起，两脚并拢，双手交叉（标准站姿手势）放置于两腿间或单腿裙沿处，头正或自然侧转（见图2-12）。此种坐姿可用于社交谈话等场合。

图2-11　女士正坐　　　图2-12　女士侧点式坐姿

（3）交叠式坐姿。

在左侧点式或右侧点式坐姿基础上，将左脚或右脚提起挂在另一脚踝关节处，两腿、两脚并拢，脚背下压，尽可能和小腿在一条直线上，双手交叉（标准站姿手势）放置于两腿间或单腿裙沿处，头正或自然侧转。此种坐姿可用于社交谈话等场合。

（4）交叉式坐姿。

两小腿向左或右斜出，两膝并拢，右脚跟靠拢左脚内侧（左交叉），右脚跟略抬起，左脚尖着地，头和身躯正坐或自然侧转。注意大小腿之间要成90度或略大于90度，小腿要伸直，尽量显出小腿长度。此种坐姿可用于社交谈话等场合。

（5）前伸式坐姿。

在正坐基础上，右脚向后撤半步，脚心在左脚脚跟处，两膝并拢。

此外，女士还可以选择多种坐姿，如"S"形坐姿：身体与腿同时转向一侧，面向对方，形成一个优美的"S"形。这种坐姿适于侧面交谈。"脚恋式"

单元二 塑造饭店服务人员的个人形象

坐姿：两腿膝部交叉，一脚内收与前腿膝下交叉，两腿一前一后着地，双手稍微交叉于腿上。

3. 注意事项

无论哪一种坐姿，都要保持身体挺拔，姿态稳重大方、自然放松，面部表情则视场合而定。

（1）坐位。

无论坐在椅子或沙发上，都要坐满椅子的三分之二。坐满椅靠后背，会给人以懒散或者过于自负、随意的印象；也不要坐在椅子边上，这种坐姿会给人坐立不安、缺少自信的感觉，自己也不舒服。

（2）腿位。

男子坐下可膝盖分开，女子坐下则双膝并拢。但无论男女，无论何种坐姿，都切忌将两膝分得太开，两脚呈内或外八字形，这种姿态对女性来说尤为不雅。无论男女，腿部不可上下抖动，左右摇晃。

（3）脚位。

正式或工作场合，不要随意跷二郎腿，即使跷二郎腿，也要将脚尖下压，因为有些国家或民族会忌讳他人的脚尖朝向自己。切忌用脚尖或脚跟拍打地面，这给人以紧张烦躁之感。

（4）手位。

手要自然放在大腿上或沙发、椅子的扶手上，不要随心所欲到处乱摸。

知识链接

坐姿心理

一个人的坐姿，可以体现出其当时的心理状态或性格特征。男性坐在椅子上时，如马上就把脚交叠在一起或扶住椅子把手，脚抬得略高，下巴微抬，这是他非常自信或在精神上先占优势的表现。女性如果是这样坐姿，则会被视为骄傲的人，或者不拘小节的人。男性随意跷起二郎腿，靠在椅背上，会被视为性格随意、不拘小节。女性则会被认为是性格粗犷、不服输的人。坐姿为腿部交叠在一起的人，性格往往外冷内热，看起来不容易接触，一旦成为朋友会很热情。双腿紧绷，是内心紧张焦虑的表现。

四、含蓄的蹲姿

蹲姿不像站姿、坐姿、走姿那样使用频繁，但服务人员在对客服务过程中，同样会用到蹲姿。标准的蹲姿，比其他姿态更容易带给客人规范化的感受。

下蹲时，两腿要合力支撑身体，避免滑倒或摔倒，头、胸、膝关节应在不同角度上，从而使蹲姿显得优美。

蹲姿有两种基本形式：高低式蹲姿和交叉式蹲姿。

1. 高低式蹲姿

左脚在前，右脚在后，向下蹲去。左小腿垂直于地面，全脚掌着地，大腿靠紧，右脚跟提起，前脚掌着地，左膝高于右膝，臀部向下，上身稍向前倾，挺拔，以左脚为身体的主要支点（见图2-13）女服务员要两膝并拢。进行地面操作时应以侧身朝向顾客，采用高低式蹲姿时，高位腿朝向客人一侧。此种蹲姿适用于一般服务场合。

男士蹲姿

女士蹲姿

（a）　　　　　　　　（b）

图2-13　男士高低式蹲姿与女士高低式蹲姿

2. 交叉式蹲姿

此种蹲姿适用于女性。下蹲时，左脚侧后，右腿压在左腿之上，右小腿垂直于地面，全脚着地，左腿在后与右腿交叉重叠，左膝在后面伸向右侧，左脚跟抬起，脚掌着地。两脚前后靠紧，合力支撑身体（见图2-14）。此种蹲姿适于表演、照相等场合。

单元二　塑造饭店服务人员的个人形象

图 2–14　女士交叉式蹲姿

3. 蹲姿注意事项

切忌全蹲或弯腰撅臀，不要突然下蹲，以免和后面的人碰撞；女士穿低领装时，要注意用手遮掩。

课后作业

简述并能熟记各种姿态规范要求。

技能实训

一、各种站姿训练

1. 背靠墙练习站姿

将后脑、双肩、臀部、小腿肚及脚后跟与墙壁靠紧，每次最少持续10分钟。这种训练可以使训练者拥有一个完美的站姿。

2. 两人背靠背练习

两人一组，背靠背站立，将两人的后脑、肩部、臀部、小腿肚及脚跟靠紧，并在两人的肩部、小腿等相靠处各夹一张卡片，两人要努力不能让卡片掉下来。

3. 头顶书本练习

颈部自然挺直，下巴向内收，上身挺直，目光平视，面带微笑，把书本放在头顶中心，头、躯干自然保持平稳，使书本不要掉下来。这一练习可纠正低头、歪头、晃头、仰脸、左顾右盼的毛病。

4. 对镜训练

面对镜子，检查自己的站姿及整体形象，发现问题及时纠正。

二、各种坐姿训练

（1）练习入座。可选用不同高度的座椅，如课椅、沙发、吧凳等进行练习。（从椅子的左侧）按规范动作入座。

（2）练习离座。离座时，要注意速度适中，注意腰背要保持直立。

（3）练习坐姿。在不同高低的椅子、沙发上进行练习。训练时，要强调上体的挺拔，女士双膝并拢，男士双膝分开不应过大。要准确地按照不同坐姿要求进行训练。

（4）练习不同手型及双脚的摆放，注意不同性别的不同礼仪要求。

训练方法：

①两人一组，选择一项坐姿，面对面练习，相互指出对方的不足。

②坐在镜子前面，按照坐姿的要求进行自我纠正，重点检查入座、离座的动作，手位、腿位、脚位以及躯干的姿态。

三、各种蹲姿训练

主要训练高低式蹲姿，男女生侧重点各有不同，要求女生体现优雅大方，男生具有阳刚之气。

四、走姿训练

纠正不正确走姿，体现动态美及饭店服务干脆利落的工作作风。

（1）摆臂训练。身体直立，双臂向前后自然摆动。注意手臂摆动的幅度要适度，避免双肩过于僵硬、身体左右摆动。

（2）步位和步幅训练。在地上画一条直线，行走时检查自己的步位和步幅是否正确，注意避免"外八字""内八字"及脚步过大或过小。

（3）稳定性训练。将书本放在头顶中心，保持行走时头正、直、目不转视。

（4）协调性训练。配以节奏感较强的音乐，行走时注意掌握好走路的速度和节拍，注意保持身体平衡，双臂摆动对称，动作协调。

训练方法：

①模拟工作中的场景进行行走练习。

②模拟引领客人侧身行走练习。一人做引领者，一人或两人做客人。

③女士穿半高跟鞋进行行走练习。

训练要求：最好配上轻松愉快的音乐进行站姿训练，用以调整心情，这既可以使训练不那么单调，也可以减轻疲劳感；训练时间可控制在20~30分钟。最好着工作服进行练习，以增强训练的实效性。

单元二 塑造饭店服务人员的个人形象

小组展示：
①师生共同评价动作的规范性和准确性。
②小组再次根据各动作要领进行自查练习。
③教师检查各小组动作的准确性，确定标准，选择优秀学生展示。

任务三　饭店服务人员的举止礼仪

案例导入

服务员小李是个性格外向、不拘小节的女孩，热情开朗，喜欢帮助人，平时和他人交谈时喜欢拍拍打打，说到兴奋之处还会手舞足蹈，甚至有时会打扰到其他人。和客人打交道中，小李也喜欢靠近客人说话，尤其点菜时距离客人很近，客人却反感后躲，这让小李很郁闷：自己这样热情，不知道出了什么问题？

举止是不说话的语言，却表现出饭店服务人员的气质和风度。标准的举止，会给客人舒适、被尊重的感觉，更体现着饭店的服务标准。

在社会交往中，双方在空间所处位置的距离，体现着一个人基本的礼仪修养。距离太近，会有一种侵犯隐私的不舒服感；距离太远，又不方便交流并且造成疏远感。距离礼仪，即人与人之间的身体距离，可以看出彼此之间的关系及心理状态，也反映了一个人的礼仪修养。

一、距离礼仪

服务人员在和客人接触的过程中，双方的距离具有重要意义。符合客人心理需要的距离会让客人舒服并给客人留下良好的印象。不同的人际关系及岗位需要运用不同的距离。

（一）亲密距离

0～0.5米为亲密距离。这是恋人之间、夫妻之间、父母子女之间以及至爱亲朋之间的交往距离。亲密距离又可分为近位和远位两种。近位亲密距离为0~15厘米，这是一个"亲密无间"的距离空间。远位亲密距离大约为15~50厘米，在这个空间里，人们可以谈论私事，说悄悄话。服务过程中，这种远位亲密距离可用于和客人沟通过程时，有他人在场，但客人不想让他人知道的情况，如结账、有人找等需要耳语的事情。正常对客服务不可以用亲密距离。

（二）社交距离

0.5~1.5米为社交距离，是正常人际交往的最宜距离。距离太近，可能触犯私人空间使彼此不舒服，并且有泄露隐私的可能；距离太远，会打扰他人且不方便交流。由于这一距离有较大开放性，亲密朋友、熟人可随意进入这一区域。这一距离可用于正常服务工作中。

（三）公务距离

1.5~3米为公务距离，这是公务活动、国事活动等正式社交场合所采用的距离。采用这一距离主要在于体现交往的正式性和庄重性。公务距离也可用于一些领导、客人的办公室里，且其办公桌的宽度在2米以上——设计这一宽度的目的之一在于领导者与下属谈话时可显示出距离与威严。服务人员在这一距离可以用致意礼节，如点头、挥手、问候前的微笑礼等。

（四）公共距离

3米之外为公共距离，如舞台演出、一些公共场所要求等。如果是公共场合，要避免大声说话，处于这一距离的双方只需要点头、挥手、欠身致意即可。服务人员在这样的距离服务客人时，要点头快速走近客人，不能大声说话。

知识链接

礼仪规则

服务人员要了解不同国家的礼仪规则，以避免服务出现差错。不同国家与民族的礼仪习俗各有差别。亚洲人非常重视"隐私空间"，社交距离保持在一米左右，会被视为有礼的表现。多数欧美人在交谈时不喜欢离得太近，总要保持一定的距离。西班牙人和阿拉伯人交谈时会凑得很近，意大利人交谈的距离是过于靠近了，拉美人交谈时则几乎贴身。英国人与意大利人交谈时，英国人会自觉保持距离。这些都是因为不同民族的文化习俗不同。

单元二 塑造饭店服务人员的个人形象

二、表情礼仪

表情是人表现各种情绪状态的面部变化，人们通过表情来传达思想情感。表情在人与人之间的交往中占有相当重要的位置，是一个人自身素质的最好体现。服务人员需要恰到好处的表情来提供良好的服务。

构成表情的主要因素：眼神和微笑。

（一）眼神

"你的眼睛出卖了你""眼睛是心灵的窗户"，可以看出，眼睛是人们沟通中，最能准确表达思想的信号。一个人的眼神往往能反映其内心世界，可以反映一个人的处世态度、性格特征和做事风格。在沟通中，要根据不同的场合、人群运用不同的注视方式。服务工作中，保持自然地和宾客目光接触，用目光表明：我在仔细听您说；我很专注随时为您服务；我愿意随时为您服务。

1. 注视部位

亲密注视：这是恋人之间、夫妻之间、父母子女之间以及至爱亲朋之间的交往注视的视线。注视部位在眼睛和胸部位置，表达亲切、关心之意。

社交注视：用于正常人际交往的注视，注视对方两眼与嘴鼻的"倒三角区"。

公务注视：用于上级对下属作公务处理与下达重要指示时的讲话、进行业务谈判或工作磋商、参会听讲座等比较严肃、庄重的场合。注视方位为以两眼为底线，以额头上部为顶点连成的"正三角区域"。

那么，服务人员在对客服务过程中应该采取哪种注视方式呢？

无论何时，服务人员都要使用社交注视，表示对对方的尊重和平等。在对客服务过程中，要微笑、亲切、坦诚正视客人，表达问候之意："您好，欢迎光临"；进行沟通时，要亲切自然地平视客人，表达意图。切忌用亲密注视，这是对客人极大的不尊重，尤其是对于女性客人，亲密注视甚至会让客人产生被侮辱的感觉。在服务过程中，服务人员要"眼观六路、耳听八方"，如果客人较多，要环视每一位客人，细心观察每一位客人的需求，把握客人的心理状态，运用自己的应变能力，把服务做在客人开口之前。服务人员要把对职业的热爱之情，由内而外、自然地流露在自己的目光中，让客人感受到关心、关注和温暖，让客人产生受到尊重的好心情。一边服务一边东张西望、左顾右盼、游移不定，这些都是绝对不可取的。与顾客交流时，服务人员应正视对方，目光柔和亲切，不能斜眼看顾客，也不能俯视、翻白眼或上下打量顾客；与顾客交流时表情要自然，笑容要真挚。

2. 注视时间

心理学家总结过一个公式：感情的表达是语言、声音和表情的综合展示。眼睛是传递心灵信息的窗口。人际交往中，面对迎面而来的客人，目光应该是真诚、友善、有神的；和对方交流时，双方视线交流的时间，通常占总时长的30%~60%，因此，注视时，目光应不一直集中于一点，以散点柔视为好，视线移动要缓慢，不突然。如果客人较多时间自然看向远处，此时，服务人员既不能一直盯着对方，也不能躲躲闪闪，可通过多角度目光的接触，自然地和每一位客人交流。

服务人员在服务过程中，要做到嘴角微翘、面带微笑，目光自然亲切，眼球放松，既不"盯视"客人，也不躲躲闪闪、目光下垂，要以明亮的双目，真诚的微笑，与客人做无声而亲切的感情交流；随时关注客人的眼神与面部表情的变化，灵活地及时开展更主动、周到的个性服务，创造出文明礼貌的优质服务。

眼神是人的心理情绪及性格品质的外在表现。在人际交往中，眼睛最能表达出一个人的思想状态。服务人员在服务岗位上，要用准确的注视方式，以真诚热情、认真专注、乐观积极的眼神，准确表达服务态度，使客人明确沟通内容，给客人亲切信任之感。

（二）微笑

微笑，是职业本能。

表情是人的思想感情和内在情绪的外露，脸部则是人体中最能传情达意的部位，可以表现出喜、怒、哀、乐、忧、思等各种复杂的思想感情。在交际活动中，表情备受人们的注意。在人的千变万化的表情中，眼神及微笑最具礼仪功能和表现力。微笑的含义是：见到您很高兴；您是受欢迎的；祝愿您有愉快的一天；为您服务很愉快。

案例分析

一天，一家饭店餐厅走进几位外国客人，服务员小张面带微笑，仪表端庄地迎接客人。小张把宾客引领入座位后，礼貌地递上小毛巾，斟茶递水，然后请宾客点菜。"小姐，一个红烧肉、西湖醋鱼……"一位年轻客人用不标准的汉语夹杂着英语说。小张笑容可掬地热情服务着，为客人添茶点菜。上菜了，小张热情地说："红烧鱼，请慢用。"并为客人介绍红烧鱼的产地及做法特色。

客人愣住了，非常生气地说："这不是我们点的菜，你们饭店怎么回事，连个菜都能上错。"小张听后，马上和客人确认，发现确实是由于自己听错了菜名导致上错了菜。小张礼貌真诚地向客人道歉，表达了因为自己弄错了菜名影响了客人用餐的心情感到十分抱歉，并重新给客人更换菜品。客人看到小张以诚恳的态度解决问题，并且从进门开始就一直礼貌真诚地服务，平息了怒火，跟小张说："这次就算了吧。"为表达歉意，小张向客人赠送了一道菜，并礼貌真诚地再次向客人表达歉意，客人十分满意。客人离店时，在留言簿上写道：我们喜欢你真诚的笑容。小张用真诚的微笑，平息了客人的怒火，化解了一次极有可能发生的投诉。

【分析】

本例中的几位外国宾客，因语言沟通不畅，导致小张疏忽上错了菜，不免生气起来。但正是因为小张从客人进店开始，就以热情的微笑向客人提供服务，加上处理妥当，真诚道歉并给予换菜补偿，平息了客人的怒火，避免了客人投诉，挽回了不良影响，还赢得了赞扬，这就是微笑服务的魅力。

微笑，要贯穿在服务工作始终。微笑是一首歌，客人到了，微笑是欢迎曲；客人离去，微笑是送别曲；出了差错，微笑是道歉曲。没有笑容的服务，就是不合格的服务，所以，饭店服务人员要时刻把微笑贯穿于服务工作中。

在服务中，态度是一种服务因素，它本身具有价值，同时会带来效益。微笑是服务态度的首要因素，是服务的第一要素，离开微笑的服务是"零服务"。服务人员在日常要注意进行微笑服务练习，给客人带来良好的体验（见图2-15）。

微笑会对客人的积极情绪起到诱导作用。微笑可以将友好、融洽、和谐、尊重、自信的形象和气氛传染给客人，为成功的服务打下良好的基础。微笑是一种特殊的语言——情绪语言，它可以和有声的服务语言及举止相配合，起到互补的作用。微笑如一股清泉，沁润客人的心灵，给客人美好的享受。

如何做到微笑服务呢？

图2-15 微笑服务练习

案例分析

上海的夏天，温度达到38℃，一对中年夫妻顶着烈日在胡同里行走，见到一家餐厅，两人决定进去吃个午饭顺便避避暑。女士拉开门先进入餐厅，男士跟着走了进来。男士比较粗心，进门后没有把门关上。这时，只听站在里面的服务员喊道："师傅，请把门关上！"大家抬起头看服务员，只见那服务员表情是微笑的，眼睛里透着正义感，她一定认为她是对的，而且使用了礼貌用语，正在微笑服务，可是作为顾客，为什么会感觉不舒服呢？

服务员确实是在微笑着说"师傅，请把门关上！"，但是，这句话存在什么问题呢？

【分析】

微笑能表达发自内心的、对自己职业的热爱和尊敬之情。因此，服务人员的微笑，一定是真诚的才有感染力。著名的希尔顿酒店，把微笑服务作为制胜法宝。服务工作，并不是按部就班地对客人完成工作任务，它还能反映出服务人员的人生观和工作观。"用心微笑服务"的目的是让顾客微笑。

如果没有这样的服务理念，就会出现案例当中的微笑着责备和命令顾客的情况。换位思考一下，如果这位服务人员是顾客，被人提醒关门，她还笑得出来吗？还会愉快地用餐吗？那么，服务人员为了让顾客微笑，应该怎样做呢？

（1）真诚写在眼神里。

眼睛，是最能表达人的真实情感的。我们常说笑眼传神，真诚的笑，是口、眼结合，口到、眼到、神情到，微笑才能扣人心弦。服务人员要用"心"微笑，用真诚的心收获顾客满意的微笑，才是最好的"微笑服务"。

（2）"神""情"并茂，笑出"气质"。

这里讲的"神"是指笑得有情感，笑出自己对职业的敬重、对客人的热爱，做到情绪饱满、乐观向上。"情"是指要笑出感情，笑得亲切甜美，反映美好的心灵。"气质"是指要笑出谦恭、稳重、大方、得体的良好气质。

（3）微笑使用服务用语。

对客服务过程中，服务人员要微笑着使用服务用语，以表达对客人的尊重及热情。只有这样，微笑服务方能体现真诚，发挥它特有的功能。例如，笑问客人："请问我能为您做些什么？""请您提出宝贵意见"等等。

单元二　塑造饭店服务人员的个人形象

（4）微笑要内在与外在统一。

端庄的仪表、规范的举止是服务人员不可缺少的气质，也是优质服务的必须。发自内心的微笑也会表现在举止上。国人的气质素养较为内敛，服务过程中，我们可以用大方的手势动作（即身体语言）来表达我们的热情。例如，规范的手势"欢迎光临，您请""您请坐"、鞠躬礼等，这些都是发自内心的情感流露与表达。唯有这种发自内心的热情，才能展露有热情的微笑，并以肢体的欢迎感染客人，给客人良好的体验和感受。

（5）提供让客人微笑的服务。

让客人微笑的服务包括：仪容仪表干净整洁的服务；微笑服务，讲话亲切的服务；站有站样、坐有坐样的服务；热情地与顾客打招呼的服务；接待规范、高效的服务；周到体贴、真诚公平的服务。

拓展阅读

微笑，是最动听的语言

给失败者一个微笑，那是鼓励；
给悲伤者一个微笑，那是安慰；
给悔恨者一个微笑，那是原谅；
给失望者一个微笑，那是动力；
给迷茫者一个微笑，那是向往；
给弱者一个微笑，那是勇气；
给快乐者一个微笑，那是分享。

小故事

经久不衰的微笑

1919年，希尔顿把父亲留给他的资产连同自己挣来的几千美元投资出去，开始了他的酒店经营。当他的资产增值到几千万美元的时候，他欣喜地把这一成就告诉了母亲。母亲却淡然地说："依我看，你除了对顾客忠诚之外，还要想办法使希尔顿酒店的客人住过之后还想再来住，你要想出这样一个简单、容易、不花本钱但行之久远的办法来吸引顾客。这样你的旅馆才有前途。"

母亲的忠告使希尔顿陷入迷惘：究竟什么办法才能满足母亲提出的问题

呢？他冥思苦想不得其解。于是他走访了多家酒店，通过自己作为一个顾客的亲身感受，得出了"微笑服务"这一准确的答案。

从此，希尔顿实行了在"微笑服务"这一独创的经营策略。每天，他对服务员说的第一句话是："你对顾客微笑了没有？"他要求每个员工不论如何辛苦，都要向顾客投以微笑。

1930年，西方国家普遍爆发经济危机，这也是国民经济萧条严重的一年，全美旅馆倒闭了80%。希尔顿的旅馆也一家接一家地亏损，一度负债50亿美元。但希尔顿并不灰心，而是充满信心地对员工说："我决定强渡难关。请各位记住，千万不可把愁云挂在脸上！无论酒店本身遭遇的困难如何，希尔顿酒店服务员的微笑永远是属于顾客的阳光。"这鼓励了他的员工，在经济危机中幸存的20%的旅馆中，只有希尔顿酒店的服务员总是面带微笑。经济萧条刚过，希尔顿酒店便率先进入了繁荣时期，跨入了黄金时代。

三、递物与接物礼仪

服务人员在接递物品时应做到：注视对方，面露微笑，15～30度鞠躬，双手递接物品。

（一）递接物品的基本原则

递接物品的基本原则是举止要尊重他人。如双手递物或接物就体现着对对方的尊重。如果在特定场合下或东西太小不必用双手递接时，一般要求用右手递接物品。

（二）递接物品的方法及注意事项

递笔、刀、剪之类的尖利物品时，需将物品握在手中，物品尖端朝向自己，尖端不可指向对方。招待客人用茶时，应一手握杯把，一手托杯底，并说"请用茶"；若茶水较烫，可将茶杯放到客人面前的茶几上；要注意茶壶的壶口不要朝向客人。接主人敬上的茶时，应欠身伸出双手，说"谢谢"。递交文件、图书杂志、图片等时，均应使文字或图片正面朝向对方，方便对方观看。

四、手势礼仪

手势是服务工作中必不可少的一种体态举止语言，服务人员对于手势的运

单元二 塑造饭店服务人员的个人形象

用应当规范适度,以表现对客人的热情及饭店的服务标准。

(一)手势的规范标准

五指伸直并拢,掌心有一点凹度(能放几滴水且水不会流淌出去的凹度),意味把客人捧在手心里。腕关节伸直,手与前臂成一直线,以肘关节为轴(肘关节既不要成90度直角,也不要完全伸直),手掌与地面成135度。依据指向目标位置的远近,大臂与身体成15~90度夹角,手势指向目标位置后,要做适当停留。另一只手臂在体侧自然下垂。

(二)手势礼仪注意事项

掌心向上的手势有一种诚恳、尊重他人的含义;掌心向下的手势意味着不够坦率、缺乏诚意等。因此,在引路、指示方向时,应注意手指自然并拢,掌心向上,手臂移动时要以肘关节为支点,不要在空中划圈。由于在世界各国不同文化下各种手势(例如OK、V字形手势等)会有不同的含义,为避免产生误解,服务人员在与客人交流的时候应尽量少用此类手势;忌用一根手指指人,否则会使对方产生受到了威胁、不被尊重之感。

(三)饭店服务工作中的常用手势礼仪

1. 迎宾手势

服务人员引导客人时,要先行后言或言行并用。在十米处看到客人时,要有眼神交流,微笑无声问好,五米时鞠躬,两米时以手势问好并说"您好""欢迎光临""您请"等。

迎宾时,服务人员可采用"横摆式"手势(见图2-16)。

手掌自然伸直,五指伸直并拢,拇指微收,手心向上,肘作弯曲,手从体侧抬至横膈膜处向右或左(根据客人方位)摆动至身体右侧或左前方示意。手掌与地面成135度,小臂与地面平行,大臂与身体间隔度数视指示位置而定。大臂与小臂成自然弧度。同时,脚站成右丁字步或两脚开立30度。头部和上身微向伸出手一侧倾斜,另一手下垂或背在背后或放在腹前,五指并拢。目视宾客,面带微笑。

客人人数较多时,也可以用"双臂横摆式"手势。一手如前所做,另一手同向摆在横膈膜正前方一拳距离的位置,两手臂同高低,手心向上,五指并拢,大臂展开。同时伴以礼貌用语"各位领导请""各位贵宾请"。

如果在右手拿着东西或扶门时要向宾客作"请"的手势,可以采用"前摆式"手势。五指并拢，手掌伸直，由身体一侧由下向上抬起，以肩关节为轴，手臂微曲，到腰的高度再由身前向右或左方摆去（根据客人方位），手掌与地面基本上成135度，小臂与地面平行，大臂与小臂成自然弧度。目视来宾，面带微笑。

图2-16 "横摆式"手势

2. 指方位手势

服务中，为客人指引方向时，可采用"直臂式"手势（见图2-17）。五指伸直并拢，手心斜向上成135度，手由体侧抬起，摆到耳侧的高度时指向目标方向，肘关节略弯曲。应注意，在指引方向时，身体要侧向来宾，微笑并伴有礼貌用语，如"您好，请往前走，左转"，眼睛要兼顾所指方向和来宾。

3. "低手位"手势

服务时让客人入座则采用"斜摆式"手势（见图2-18），即用双手扶椅背将椅子拉出，然后左手或右手屈臂，由体前抬起，以肘关节为轴，前臂由上向下摆动，使手臂向下成一斜线，表示请来宾入座。

图2-17 "直臂式"手势　　图2-18 "斜摆式"手势

单元二 塑造饭店服务人员的个人形象

引领客人时，遇到台阶或路面有阻碍物、冰、水等路况需提醒客人时，也要用"低手位"手势，同时伴以礼貌语言提醒客人，如"请小心台阶""小心路滑"等。

知识链接

拉椅让座

"拉椅让座"是指在餐厅等场合中，男士为女士、下级为上级、晚辈为长辈，或服务人员为客人拉开座椅请其入座，是非常尊重对方的一种体现。此时，男士、下级、晚辈或服务员应用双手扶椅背，拇指在椅背内侧，四指在椅背外侧，右腿膝盖自然弯曲抵在椅子后背处，将椅子轻轻拉出；然后后退到椅子斜右侧，30度鞠躬，用"低手位"手势指向座椅，表示请来宾入座，同时说"请您入座""您请坐""您请"；当对方在座位前站好后，用双手将椅子往前轻轻推放到合适的位置，请其坐下。

（四）鼓掌

鼓掌要传递的有两种信息：一种是正面的，表示欢迎、感谢、支持、称赞、祝贺等；另一种是反面的，表示不满、喝倒彩、鼓倒掌。反面鼓掌是不文明的，我们应该杜绝。此外，鼓掌是一种无声的语言，在严肃的场合，鼓掌时不能有激动的喊叫声，因为鼓掌本身就是在传达思想信息，是在公共场合表示全体意志和态度的行为。

作为一种礼节，鼓掌应当做得恰到好处。鼓掌要把握时机，适时表达思想，在该鼓掌的时候鼓掌，让对方感受到鼓舞和认可。鼓掌的标准动作有两种：一种是面带笑容，抬起两臂，抬起双手手掌至胸前，掌心向上，左右手虎口相交，掌心相对有节奏地互拍。这种鼓掌方式多用于比较热烈的场面或者表达发自内心的认可，一般声音很响亮，动作幅度也大，甚至是比较狂热的。第二种是用右手除拇指外的其他四指轻拍左手中部，两手交叉。这种鼓掌是礼节式的，动作不大，声音也较轻，时间不长，多是一种礼貌的表现。在日常工作及生活中，应视情况不同，运用不同的鼓掌方法。

掌声的大小和动作幅度，应和活动性质、氛围相一致。例如，表示喜悦的心情时，可使掌声热烈；表达祝贺之时，可使掌声时间持续；观看文艺演出时，则应注意勿使掌声打扰演出的正常进行；在观看比赛时，对比赛双方都要抱有尊重之心，要报以同样的掌声，给观众和双方都留下良好的印象。

应注意，不要对他人鼓倒掌，不要以掌声讽刺、嘲弄他人，也不要在鼓掌时伴以吼叫、吹口哨、跺脚、起哄，这些做法会破坏鼓掌的意义。

（五）致意礼节

致意礼节分为举手致意、欠身致意、点头致意。

致意礼节的场合：看见认识的客人，而自己正在忙碌，无暇分身相迎，或客人正在与他人交谈，距离较远，或在公共场所，距离较远不宜大声说话。这类场合常会以致意礼表示问候。致意礼的正确做法如下。

1. 举手致意

举手致意的要点是：面向对方、手臂上伸、掌心朝外、五指略分。手臂轻缓地由下而上，掌心向外对着对方，指尖指向上方。伸出手掌至头部位置，五指略分，手臂弯曲，向左右两侧轻度摆动并伴以微笑（见图2-19）。

图2-19　举手致意

2. 欠身致意

身体直立或略起、点头微笑问候。

3. 点头致意

注视对方，点头微笑。

（六）挥手道别

挥手道别也是服务中的常用手势，用于送别客人、目送客人远去时。挥手道别时，要做到：身体站直，目视对方，手臂前伸，掌心向外，左右挥动。

这一手势的正确做法如下。

（1）身体标准站姿或服务站姿，目视对方，先鞠躬道别。

（2）随着客人渐远，可用右手，也可双手并用，掌心向外，指尖朝上，手臂向左右挥动；随着客人的远去，手臂尽力向上向前伸，表达对客人的留恋之情。

（七）握手礼仪

握手礼（见图2-20）也是服务中经常用到的礼节，它可以表示致意、亲近、友好、寒暄、道别、祝贺、感谢、慰问等多种含义。在握手时，往往可以感受对方的情绪和意向，还可以推断一个人的性格和感情。有时，握手比语言更能让彼此充满情感。

1. 握手礼的场合

握手是绝大多数国家使用的互相问候的一种礼节。如主人和客人之间见面道别时，初次见面的人互相介绍双方时，朋友在某种场合相遇时，等等。

图2-20 握手礼

2. 握手礼的次序

为了表达尊重，握手礼有先后次序之分。由于握手是肢体的接触，所以尊者有主动权。握手礼的次序根据双方所处的社会地位、身份、性别和各种条件来确定。

两人之间握手的次序是：上级在先，长辈在先，女性在先，主人在先。下级、晚辈、男性、客人应先问候，见对方伸出手后，再伸手与他相握。在上级、长辈面前不可贸然先伸手。若两人之间身份、年龄、职务都相仿，则以先伸手为礼貌。

如男女初次见面，女方可以不与男方握手，互致点头礼即可；若接待来宾，不论男女，女主人都要主动伸手表示欢迎，男主人也可对女宾先伸手表示欢迎。

如一人与多人握手时，应是先上级、后下级，先长辈、后晚辈，先主人、后客人，先女性、后男性。

为了表示礼貌，若一方忽略了握手的先后次序，先伸出了手，对方应立即回握，以免尴尬。

如果是工作场合，无论男女，都要遵守级别次序。

3. 握手礼的规范动作

标准的握手方式是：握手时，两人相距约一步，上身稍前屈，15～30度鞠躬，伸出右手，四指并拢，拇指张开，虎口相握，两人的手掌与地面垂直，上下轻摇，一般2～3秒为宜；握手时应注视对方，微笑致意或简单地用言语介绍、致意、问候。

如果是男士和女士初次见面或在社交场所握手，只需握住女士的四个手指即可。

4. 握手礼的注意事项

握手时，首先要保持手的干净，如果正在工作不小心弄脏了，需要致歉并解释；握手时需要脱掉手套，摘掉墨镜，专注注视对方，表示对对方的尊敬。另外，握手的力度要恰到好处，太轻，给人感觉不重视，这叫"死鱼式"握手；力度太大，又会让对方感觉不舒服，这叫"折筋断骨式"握手。

五、鞠躬的礼节

鞠躬礼是饭店服务人员常用的一种礼节（见图2-21）。

（一）鞠躬礼的运用场合

鞠躬礼是人际交往中最常用的礼节之一，人们见面相互问好要鞠躬，一些仪式活动需要鞠躬，服务人员对客工作中需要鞠躬。随着社会文明的提高，鞠躬礼在人们生活中的使用越来越频繁，深深地表达对他人的敬意和感激之情。

（二）鞠躬礼的度数

鞠躬分为15度、30度、45度、90度鞠躬，鞠躬度数越大，表示场合越隆重。

图2-21 鞠躬礼

问候、介绍、握手、让座等都可以用15度鞠躬礼。30度鞠躬礼一般是表达下级对上级、学生对老师、晚辈对长辈、服务人员对客人的敬意。45度鞠躬礼用于贵宾或道歉场合，90度鞠躬礼属于最高的礼节。在实际工作或生活中，行鞠躬礼要根据具体情况而定。

单元二 塑造饭店服务人员的个人形象

（三）鞠躬礼的规范动作

1. 鞠躬的正确姿态

首先以服务或标准站姿站好（以女性服务站姿为例），双眼注视对方，面带微笑。鞠躬时，以腰部为轴心，上身挺直向前倾斜，头部、躯干成一条直线，目光随身体自然下垂到脚尖前1.5米处。鞠躬完毕，再恢复到标准站姿，目光注视对方脸部。鞠躬角度根据服务时的具体情况确定。

2. 鞠躬时要伴以礼貌用语

鞠躬的同时要问好，声音要热情、真诚。服务时应根据具体情况行鞠躬礼。如果是迎宾，客人较远，应该先言后行；如果随时遇到客人，言行并用即可。

（四）鞠躬礼的注意事项

鞠躬时不脱帽子或戴着墨镜、眼睛上翻看着对方、嘴里吃着东西或嚼着口香糖、抽烟，动作扭扭捏捏或应付了事，都是行鞠躬礼时的大忌。

六、进出房间礼仪

在任何场所，进入他人房间的时候，不管门是开着的还是关着的，都要先敲门，这是对他人最基本的尊重。服务人员更应该严格遵守敲门礼仪。

（一）敲门的规范要求

敲门的正确做法是：伸出右手，手指自然弯曲，掌心朝向自己，抬起中指第二指节，连续敲击三下。不可用手背或手掌拍打，敲门的力度和节奏都要适中，以室内人能听到柔和的敲击声为标准。当然，我们还应根据不同场合灵活应变。

职场中，身为下属，我们经常要向上级请示汇报工作。在敲门时，应端庄郑重，连敲三下后，如无反应，应稍等一会儿再敲一遍；若仍无反应，则表明领导不在，我们就该及时离开。如果恰逢领导的门开着或虚掩着，我们仍然要敲门，没有得到许可前绝不可贸然闯入。如果领导因全身心投入工作没有听见敲门声，我们最好在门口稍等片刻，过一会儿再敲门；或者，等领导起身或发现自己时，再上前汇报工作。这样会给领导留下一个好的印象。进入同事房间时也要礼貌敲门，再视情况进入房间。

总之，敲门时要使用正确的手法，掌握好力度和节奏。敲门的手法反映的是一个人的修养，体现的是对别人的尊重。

（二）敲门注意事项

敲门的正确做法是先敲三下，隔一小会儿，再敲三下。敲门的力度要适中，敲得太轻了别人听不见，太响了则不礼貌而且会引起主人反感。敲门时，绝对不能用拳捶、脚踢，更不要"嘭嘭"乱敲一气，因为如果房间里面有人正在休息，这种粗鲁的方式会惊吓到他们。如果遇到门是虚掩着的，也应当先敲门。这时的敲门有两层意思：一是表示询问"我可以进来吗？"，二是表示通知"我要进来了"。按门铃时也是如此，要以温和的节奏按响门铃，不可太心急，如果乱按一通，会显得非常没有礼貌。

（三）饭店敲门礼仪

（1）进出有客人的房间时，服务人员应端正站立，平视门镜，敲门并通报身份。

（2）敲门后，等待3~5秒，若房内无反应则重复上一步操作。若还没有反应，再第三次敲门报身份，如果此时还是没有反应，可将房门打开三分之一，看一下里面是否有人，此时的动作应大方得体，不可探头探脑。如果里面有人，应说声"对不起"并说明来意，不可扭头就走，以免令客人尴尬或产生不安全感。最后面向房门轻轻关上房门。如发现客人正在入睡，应立即退出房间，在门外等候，确定是否吵醒客人；如客人出来，应道歉并说明来意，并征求客人谅解。

（3）客人口头说明不允许进入的房间不得进入，挂免打扰牌的房间和DND灯亮的房间不许进入，除规定次数的打扫外不得随意进入。

进屋敲门是尊重他人隐私和空间的一种表现。作为服务人员应该尊重客人的个人空间，这是饭店服务的基本规范要求。

（四）退出房间礼仪

退出房间时，要面对客人后退一步，并说"打扰您了""有需要随时叫我"等礼貌用语，然后轻轻关门，慢慢转身离开。

七、递送名片礼仪

名片在饭店工作和人际交往中，是人与人建立联系和沟通的重要方式，可以方便快捷地传递信息，但名片的递接及存放大有讲究，要注意其礼节。

（一）名片的作用

名片代表着一个人的身份，是自我介绍的一种简便方式。名片的作用包括：方便双方保持今后联系，增加商务、业务人际的往来等。递接名片时的举动，会给人留下第一印象，名片的礼貌递接，体现着对对方的尊重及个人修养。

（二）递送、接收名片的要求

1. 名片的递送

（1）数量充足。

外出必须带好名片夹，并存放数量充足的名片备用。

（2）放置正确。

名片夹放在公文包或手包里，可以放几张在衬衫左前胸的口袋或西装上衣内口袋备用。不能将名片放在裤袋内，更不能随意乱放。使用名片时东找西翻，是不尊重他人的表现。

（3）递送规范。

递送前，要确认是自己的名片（尤其是公务繁忙时，忌粗心大意误递他人名片）并保证名片洁净清晰。递送名片时，在对方正面站好，15～30度鞠躬，微笑问好，双手奉上。要注意将名片的正面尤其是文字的正面朝向对方，以便对方阅看（忌对方阅看时，还要将反方向的名片做调向处理才能阅读，这将给对方留下失礼的印象）。同时，眼睛注视对方，谦恭地说："请多多关照""请指教""请过目"。如以站姿与他人交谈，名片应双手拿在齐胸的高度；如坐着与他人交谈，名片应放在视线所及之处。

（4）次序礼规。

初访者、地位较低者，应选主动递上名片；向多人递送名片时，应先递给职位较高者，然后由近及远，依次进行。切勿跳跃式地进行，以免给对方造成厚此薄彼之感。

2. 名片的接收

接收名片时应举止谦恭，起立，微笑点头，鞠躬致谢，双手接收（见图2-22）。用单手接收，尤其是用左手接收，是最不礼貌的。

（三）递送其他物品的礼仪

（1）双手接递，鞠躬并伴以礼貌用语。

图2-22 接收名片

（2）递送刀具、剪子、笔等尖锐物品时，要把尖头朝向自己。
（3）递送文件时，要将文字的正面朝向客人。

八、服务工作中禁止的举止

（1）抠、咬指甲，摆弄手指，用手拨弄头发。
（2）打哈欠、伸懒腰、倚靠门墙等。
（3）服务时不停看表。
（4）在宾客面前吃东西或嚼口香糖、打喷嚏、咳嗽等。
（5）拍打衣服上的污迹，或在公共场合搞个人卫生。
（6）玩弄钱币、钥匙等发出声响。

知识链接

肢体语言密码

肢体动作是一种不说话的语言，代表着一个人的素养及心理状态。作为一名饭店服务人员，不仅要保持自身举止规范，还要了解肢体语言的含义及不同人的心理，及时把握客人心理及服务要求，有针对性地提供个性化的服务，让客人满意。

招手示意：如果客人有需要，向服务人员招手示意，说明客人比较文雅，服务时要更加注意礼貌。

双臂抱胸：这种姿势有居高临下、盛气凌人之感，此时服务人员要更加谦逊，提供周到服务。

擦拭餐具：说明客人注意卫生，服务时要格外注意卫生问题。

手指在桌面不停敲击：可能他在等人，如果请他点单时对方表示拒绝，就不必着急让他点单。

来回踱步：慢节奏，表情轻松，说明对方在休闲放松；快节奏，表情严肃，可能在思考问题或焦急等人。

服务人员要深入把握客人心理，提供优质服务。

课后作业

1. 社交距离礼仪有哪几种？
2. 目光注视的要求有哪些？

3. 饭店服务人员的手势礼仪有哪几种？

4. 握手礼节的要求有哪些？

5. 递交名片的礼仪有哪些？

6. 进出房间的注意事项是什么？

7. 鞠躬礼的礼仪要求是什么？

技能实训

一、进出房间训练

将学生分成若干小组，小组抽签，选择不同的情景，演示进出房间礼仪。

场景1：服务人员进出客人房间

（1）在客房门外站立，查看有无"请勿打扰"牌后敲门，并表明身份是"客房服务员"。

（2）听到允许后方可进入房间。

（3）向客人问好，说明来意，注意要轻声对话。

（4）事毕，向客人鞠躬告别，后退两步后转身离开。

（5）轻轻地把门关好。

场景2：进出上级办公室

（1）门外站立，轻轻叩门。

（2）得到允许后方可入内。

（3）走到经理桌前方约一米处。

（4）离去时应告别，后退两步再转身离开。

（5）走出房门，随手将门轻轻关好。

场景3：进出亲朋好友房间

（1）门外站立，轻轻叩门或按门铃。

（2）经主人开门引导后方可入内。

（3）随主人进入指定的房间并入座。

（4）主动告辞离去，并请主人留步。

二、手势动作训练

1. 学生两人一组，进行手势动作的分解练习。逐一练习立正站好、面带微笑、手臂的动作、体态的变化、礼貌用语、目光和眼神。

2.做手势动作的连贯动作练习，体会动作要领。练习时，小组中一人做动作，另一人对照规范进行点评，之后两人互换。

3.学生分组抽签选择练习场景，在场景中练习指示方向、引领客人、介绍自己等不同手势。

三、目光训练

模拟不同角色，进行目光训练。先由学生相互点评，再由教师提升点评。

四、微笑练习

1.面对镜子，进行微笑练习。

2.学生两人一组，面对面进行微笑的动作练习，相互指出问题并改正。

3.学生分组抽签选择练习场景，模拟不同角色，进行微笑训练。

五、递接物品训练

1.递接文件

（1）两人一组，分饰两个角色并确定练习场景，如男士向女士递送文件、下级向上级递送文件、晚辈向长辈递送文件等。

（2）练习递送文件的分解动作。

递送的一方：立正站好，双手端正拿好文件，文件正面朝向对方，保持微笑，目视对方，上身微向前倾，递送出文件的同时轻声说"请您拿好"。

接收的一方：立正站好，保持微笑，目视对方，手接过文件的同时轻声说"谢谢你"，收好文件。

2.递接名片

两人一组，按照递接文件练习的形式，进行递接名片练习，要重点体会接到名片后的做法。

3.递接其他物品

两人一组，进行递接茶杯、剪刀等的练习。

4.练习成果展示

学生分成几个大组，轮流扮演不同角色，展示训练成果。大组之间互相点评，教师最后进行总结。

单元三　饭店服务人员的沟通礼仪

学习目标

1. 掌握饭店服务人员的文明礼貌用语。
2. 熟练掌握礼貌用语在服务中的应用。
3. 了解不同环境下的语音语调。
4. 掌握礼貌称呼的基本要求。
5. 熟练掌握工作场合中称呼的应用。
6. 了解投诉相关知识。
7. 灵活掌握如何处理投诉。

案例导入

深夜一点，有一位女士致电前台表示有急事要求转1508房间。话务员一听事情着急，没有问明情况就将电话直接转入了1508房间。第二天早晨，大堂经理接到1508房间客人王女士的投诉电话，说半夜她房间的电话突然响起来了，但对方根本不是找她的，这通电话不仅令她受到了惊吓，而且导致她一夜没睡，要求饭店就此事向她赔偿。大堂经理调查后了解到，该电话要找的确实是住1508房间的客人，可是这位客人已于昨晚10点退房离店了，王女士是快0点时才入住的，而疲惫的王女士刚睡下不久，就被急促的电话吵醒了。

此时，原住1508房间的李先生也打来了投诉电话，说昨晚他太太打电话找他，接电话的却是一位女士，引起了太太的误会，导致夫妻争吵起来。李先生说此事破坏了他们的夫妻感情，要求饭店给一个合理的答复。

请问，这位大堂经理该怎么办？

沟通是人与人之间互相交换信息的行为，是将想法由一个人传递给另一个人的过程，是思想及信息的传递，是人与人之间交往的一座桥梁。沟通的目的是使接受沟通的人了解情况并予以理解。通过沟通这一桥梁，人们可以分享彼此的情感和知识，获得他人思想、情感、见解和价值观，可以消除误会，增进了解，达成共同认识或共同协议。

遵从沟通礼仪规范，可以有效地展现一个人的教养、风度与魅力，体现其对他人的尊重和对社会的认知，从而使个人的学识、修养和价值得到社会的认可和尊重。饭店服务人员在对客服务过程中，规范的沟通礼仪对形成良好的对客服务关系、树立企业形象尤为重要。

礼貌用语中英文对照

任务一　礼貌用语

俗话说："良言一句三冬暖，恶语伤人六月寒。"在饭店服务过程中，饭店服务人员要时刻运用礼貌用语为宾客服务。

一、基本用语

常用的礼貌用语有11个："请""您""谢谢您""对不起""请原谅""没关系""打扰您了""不客气""早上好""您好""再见"。

礼貌基本用语

在对客服务中，不同场合应使用不同的礼貌用语。

（1）无论在任何场合，见到客人都要主动打招呼，如"您好""早上好"，并随时准备帮助客人。如果在狭窄空间与客人相遇，要退后一步主动让路。

（2）任何时候说话都要"请"字当头，如"请问""请您""请说"。

（3）客人到达时，迎宾人员要主动热情地说迎宾语："您好，欢迎光临。"

（4）需要客人提供方便时，说"对不起""打扰您了"。

（5）如果不能立刻为客人提供服务，要马上带着歉意说"请您稍候"或"请您稍等一下，马上就来"，然后即时说"让您久等了"。

（6）"对不起"或"实在对不起"用于因打扰客人或给客人带来不便时，致歉时要真诚而有礼貌。

（7）"再见""您慢走""欢迎下次光临"用于客人离开时。

知识链接

（1）饭店服务迎宾语："您好，欢迎您光临我们饭店""您好，欢迎您入住本饭店""您好，欢迎光临"。

（2）饭店服务问候语："您好""早安""晚安""早上好""下午好""晚上好""您路上辛苦了"。

（3）饭店服务祝贺语："恭喜您""祝您节日愉快""祝您圣诞快乐"。

（4）饭店服务道歉语："对不起""请原谅""打扰您了""失礼了"。

（5）饭店服务道谢语："谢谢您""非常感谢"。

（6）饭店服务应答语："是的""好的，我马上就来""我明白了""谢谢您的好意""不要客气""没关系""这是我应该做的"。应答应即时。应答语也可以用肢体语言来表达。

（7）饭店服务征询语："请问我能为您做什么吗？""我还有别的可以帮您吗？"。

（8）引领语言："您好，请跟我来""请您这边走"。

（9）送宾礼节："请您慢走，再见"。迎送礼节配合规范的肢体动作会锦上添花。

（10）告别语："祝您一路平安""欢迎下次再来"。

二、礼貌用语的基本要求

使用礼貌用语要遵循以下原则。

（1）"请"字当头，"谢谢"随后，"对不起"常用，"您好"随口。

（2）时刻使用文明礼貌"10字"用语，即"您好""请""谢谢""对不起""再见"。

（3）职场用语软垫式，即"言辞＋拜托语气"，如"让您久等了"前面加一句"不好意思"，"给您上菜"前加一句"对不起，打扰您了"，告知客人点的菜品今天已经售罄时说一句"实在不好意思"，等等。这种表达方式，再配以优美的语调，婉转、亲切、热情，能把生硬的语言变得柔软，带给客人充分的尊重。

（4）牢记服务"五声"：客来有迎声，客问有答声，出了差错有歉声，受到帮助有谢声，客人走时有送声。

（5）与宾客讲话，言辞要简练、明确、悦耳、清晰，语言表达要恰到好处，要面带微笑，态度平稳。同时要注意举止和表情的礼貌。

（6）做到"三不计较"：不计较宾客不美的语言，不计较宾客急躁的态度，不计较个别宾客无理的要求。

（7）服务人员要遵守"四不讲"和四种服务忌语。"四不讲"即不讲粗话，不讲脏话，不讲讽刺话，不讲与服务无关的话；四种服务忌语为：蔑视语、否定语、顶撞语、烦躁语。

（8）在对宾客服务时应注意以下几点：①三人以上对话时，要用互相都懂的语言。②不得模仿他人的语言声调和谈话。③不得聚堆闲聊、大声讲话、大声笑、高声喧哗。④表达不要过于口语化，要用专业语言。⑤即使是熟客，也不能拍拍打打、随意开玩笑。

三、声音美在服务中的重要性

一个人说话声音的大小、节奏往往代表着这个人的形象。在服务工作中，服务人员的语音、语调代表着其服务态度及个人素养，更代表着饭店的形象。为使交流沟通更加顺畅，让客人感受到舒适和享受，动听的声音是十分必要的。

（一）声音是信赖的基础

声音是传递文字和语气的载体，在对客服务中，语言沟通占有很大的比重。服务人员也是通过声音来传递服务的态度和热忱的，具有亲和力的声音会让客人产生好感，瞬间建立信任，对服务人员和饭店产生良好的印象。

（二）服务人员的声音要求

1. 音量

在沟通交流中，音量要适当。声音太高会打扰他人并且容易产生粗俗感，声音太低客人听着不便且有懦弱感。音量大小以对方听到为宜。

2. 语调

语调能表现出一个人的情感和态度。我们开心、激动、愤怒时，是能够通过语调表现出来的。

在服务过程中，服务人员与客人的沟通无处不在，无时不有。这就要求服务人员根据服务内容，客人的性别、年龄以及服务场合调整语调，并辅以一定的肢体动作，以达到令客人满意的服务效果。如对老年客人说话要语调高一些，距离近一些，为了避免误会，要辅以理解性的笑容和体贴；对孩子说话，声音可低一些，身体下俯，露出喜欢的笑容。

3. 语气

无论对任何客人，服务人员都要一视同仁，平等对待，语气要既热心体贴又不卑不亢，这是尊重他人也是尊重自己的体现。

4. 语速

语速能让你更清晰明白地了解到你的沟通对象想要什么、什么能够让他们感到满足、什么会伤害或激怒他们。在语言交流中，讲话的速度将不同程度地影响向他人传递信息的效果。语速太快，客人会听不清楚；语速太慢，则容易让客人怀疑你的能力。两者都会影响工作效率和效果。服务人员要站在客人的立场，用恰当的语速达到沟通的目的。

知识链接

怎样让自己的声音好听，以下介绍几种训练方法。
（1）锻炼气息。
（2）坚持腹式呼吸。
（3）放慢语速。
（4）如果咬字不清，多念绕口令练习。
（5）多阅读，定期录音，并根据录音进行调整。

四、服务人员应熟练掌握的礼貌用语

欢迎语："欢迎光临""欢迎下榻我们饭店""您好，欢迎光临"。
问候语："你好""早上好""晚安"。
应答语："没关系""非常感谢""谢谢您的好意"。
顾客提出要求的时候常用的语言："对不起，请您稍等"。
请顾客等待的时候使用的礼貌用语："实在对不起""不好意思，让您久等了"。
告别语："祝你一路平安""欢迎下次再来""请您慢走，欢迎再次光临"。

征询语："您好，需要帮助吗？""如果不介意的话，我可以……吗？"。

祝贺语："祝你新年快乐！"。

称谓语：××先生、××女士。

引领语："您好，您请！"。

无声语：微笑问候是无声的礼貌用语。

课后作业

1. 在饭店服务过程中应如何使用礼貌用语？
2. 在饭店服务过程中应如何使用敬语？
3. 在饭店服务过程中，不同场合的语音语调应是怎样的？

技能实训

1. 每个学生说一句礼貌用语，不得重复，接龙比赛，互相点评。
2. 将全班同学分为几个大组并编序，把礼貌用语分类，各大组按序号依次答出与题目对应的礼貌用语，看哪个组答得又多又快。
3. 学生三人一组，分别担任不同的角色，模拟接待服务，检查礼貌用语的应用。完成一次后，三人互换角色，继续练习。
4. 学生之间互相点评，评出礼貌用语最高分获得者，教师进行总结。

任务二　称呼与介绍

在饭店服务工作中，称呼应当准确、得体、亲切、自然。要根据客人的身份、地位、职业、年龄、性别及习俗恰当选择称谓。

称呼与介绍

一、服务中礼貌称呼的使用

在饭店服务过程中，称呼是服务第一语言：见到客人问好需要称呼，对客服务需要称呼，送别客人需要称呼。称呼无处不在，这就需要我们了解称呼的运用原则。恰当地使用一些礼貌称呼，既能体现服务人员的修养和礼貌，也能展现饭店的形象及服务水准。

（一）称呼的种类

1. 职务性称呼

（1）仅称职务，如校长、处长。

（2）姓氏＋职务，如王校长、李处长。

（3）姓名＋职务，如王某校长。

（4）具体化的职务，如某学校某校长。

2. 职称性称呼

（1）仅称职称，如工程师。

（2）姓氏＋职称，如张工程师。

（3）姓名＋职称，如张某工程师。

（4）具体化的职称，如某企业张某工程师。

3. 学衔性称呼

（1）仅称学衔，如博士。

（2）姓氏＋学衔，如张博士。

（3）姓名＋学衔，如张某博士。

（4）具体化的学衔，如教育学博士张某先生。

4. 行业性称呼

如老师、大夫、服务员、售票员等。

（二）称呼的方法

（1）标准称呼。

称呼就高不就低。当一人身兼数职时，如无特殊情况，应以最高职位称呼。服务过程中，如果是和客人第一次见面，可以直呼"先生""女士"；如果是较熟的客人，可以称呼"姓氏＋职务/学衔/职称等"。

（2）入乡随俗。

根据客人年龄、文化程度、性格等特点，也可以称呼"大姐""大叔""美女""帅哥"等。要注意不同地区的称呼忌讳，以免引起客人不满甚至投诉。

（3）不能对上级、长辈直呼其名。

（4）服务中如果遇到公司或家庭多人就餐，应遵循先上后下、先长后幼、先女后男、先疏后亲的称呼顺序。

（5）无论多熟悉的客人，都要礼貌称呼，不能以开玩笑的形式给客人"取外号"，尤其是对残疾客人，要更加注意称呼文明。

（三）饭店工作中的称呼

在饭店服务工作中，最为常用的称呼有"先生""太太""小姐""女士"等。

"先生"一词通常用来称呼男性宾客，而不论其年龄大小。"太太"一词是在已知对方已婚情况下对女子的尊称；"小姐"主要是对未婚女子的称呼。不了解女性来宾的婚姻状况时可称"女士"。对于外国女性，不知其婚姻状况时可称"小姐"或"女士"。

当我们得悉客人的姓名时，称呼应加上姓名或者姓，如：李明先生或李先生，以示重视和尊重。当知道客人的职务、职称时，称呼一般在姓氏后面加上职务、职称，如：王处长、张经理、杨律师、赵医生等。这样的称呼不仅庄重，而且可以显示出已经记住对方的身份，让客人有被重视的感觉。客人带朋友或家人就餐时，如果服务人员称呼客人的姓氏加职务，会让客人的自尊心得到极大的满足，进而给予饭店更高的评价。总之，对顾客的称谓要恰当，为客人带来良好的服务体验。

二、介绍礼节

介绍礼节不仅是饭店员工应该掌握的基本礼节，也是日常生活中应该掌握的见面礼节。

介绍的场合分为正式和非正式两种。

在正式的社交场合，由第三者正式做介绍。为他人介绍时，要根据双方的结识意愿，作适当介绍。

在非正式场合，自我介绍要注意一些细小的礼仪环节。比如，两位客人正在交谈，你想加入，而你们彼此又不认识，此时就要等待双方谈话出现停顿时再作自我介绍，如"对不起，打扰一下，我是×××"。

（一）介绍他人礼仪

为他人作介绍，有三点应做得合乎礼仪。

第一是做好担任介绍工作。在饭店服务人员中，介绍人应视情况由公关礼仪人员、大堂经理等担任；在社交场合，介绍人则应由主人或被介绍的双方均有一定交情的人担任。

单元三 饭店服务人员的沟通礼仪

第二是介绍顺序。尊者有权先了解情况，因此应该先把男士介绍给女士，把晚辈介绍给长辈，把下级介绍给上级，把主人介绍给客人，把后到者介绍给先到者，把熟悉的人介绍给不熟悉的人，把未婚者介绍给已婚者，把家人介绍给同事、朋友。

第三是介绍的规范动作。做介绍者要五指伸直并拢，掌心有一点凹度，腕关节伸直，手与前臂形成直线，以肘关节为轴，肘关节既不要成90度直角，也不要完全伸直，手掌与地面形成135度做指示，并做适当停留，眼睛要看向被介绍者，面带笑容（见图3-1）。被介绍双方互相鞠躬或握手问好，并伴以问候礼貌用语。介绍时，被介绍双方应表现出结识对方的热情，起立或欠身致意，双目应该注视对方，介绍完毕，握手问好。但在宴会桌、会谈桌上可不必起立，被介绍者只要微笑点头有所表示即可。

为他人介绍礼节

图3-1 介绍他人礼仪

（二）自我介绍的礼仪

自我介绍多用于社交场合或面试应聘、进入新岗位等让他人认识了解自己时。自我介绍首先要真实，其次要有自己的特点，以达到留给对方深刻印象的目的。最后，自我介绍要谦逊坦诚，有礼貌的自我介绍能赢得听者的尊敬与信任，也会决定对方以后是否愿意和你交往。自我介绍的礼仪应注意以下几点。

1. 自我介绍的时机

（1）在交往中与不相识者相处而你对对方感兴趣时。

（2）不相识者或经他人介绍有必要做进一步交往时。

（3）有求于他人而对方对你不甚了解时。

自我介绍

（4）自我推荐、自我宣传、欲结识某些人或某个人而又无人引见时，如有可能，即可向对方自报家门，自己将自己介绍给对方。

2. 自我介绍的内容与方法

（1）自我介绍的内容因场合而定。在社交场合，只介绍姓名、职业、单位即可；如需进一步交往，可在单独交流中做详细介绍。面试应聘时，除自身条件外，要熟知面试单位的要求及岗位特点，有针对性地介绍自己。

（2）自我介绍时，要真诚、自信、大方、彬彬有礼，要注意语气自然，语速适中，语言清晰。自我介绍时表现得稳重自然，会给人良好的第一印象；相反，如果面带胆怯、紧张、结结巴巴、目光低垂、面红耳赤、手忙脚乱，则会给对方一些负面观感，如自卑、懦弱等，有碍进一步的交往，也不利于面试成功。

（3）自我介绍要举止大方，合乎礼仪规范。要先鞠躬问好，如果是面试或下面有观众，以标准站姿站好后，要巡视一下在场人员，面带微笑、自信地讲话。讲完后，鞠躬示意并后退一步离开。

（4）自我介绍的内容包括三项基本要素：本人的姓名、供职的单位以及具体部门、担任的职务和所从事的具体工作。这三项要素在自我介绍时，应一口气连续报出，这样既给人以完整的印象，又节省了时间。

3. 自我介绍的形式

（1）社交式。

社交式适用于一般性的社交场合，这种自我介绍最为简洁，往往只包括姓名一项。比如"您好，我叫××""您好，我是××"。

（2）职场式。

职场式适用于职场相互介绍或拜访，介绍内容包括本人姓名、供职单位及部门、职务或从事的具体工作等。比如"您好，我叫××，是××学校的，负责办公室工作""我叫××，在××公司从事人事工作"。

（3）交流式。

交流式适用于社交活动中，经过简单介绍后，希望与对方进一步交往与沟通的情况。介绍内容包括姓名、工作、籍贯、学历、兴趣及与交往对象的某些关系。比如"您好，我叫××，在××工作，曾经和你们单位有过业务往来，希望……"。

（4）正规式。

正规式适用于演讲、讲座、演出、庆典、仪式等一些正规而隆重的场合。介绍内容包括姓名、单位、职务等，同时还应在介绍中加入一些适当的谦辞、敬辞。比如"各位来宾，大家好！我叫××，负责××公司的人事工作。我代表公司欢迎全体入职新员工，希望大家……"。

（5）问答式。

问答式适用于应试、应聘和公务交往。问答式的自我介绍，应该是有问必答，问什么就答什么，简洁明了地说明问题。

知识链接

言谈规范"八要""八不要"

要简练明确，不要啰唆唠叨；
要主动亲切，不要冷漠无理；
要谦虚诚恳，不要傲慢虚假；
要委婉灵活，不要生硬呆板；
要吐字清晰，不要含糊不清；
要自信大方，不要拘谨自卑；
要稳重自然，不要飘浮拘泥；
要语速适当，不要过快过急。

课后作业

1. 在饭店服务过程中，如何使用称呼敬语？
2. 在饭店服务过程中，不同场合的称呼是怎样的？
3. 如何做自我介绍？
4. 做介绍的礼仪是什么？

技能实训

1. 每个学生说一句称呼用语，不得重复，接龙比赛。
2. 将全班同学分为几个大组，把称呼用语分类写出来，按大组的序号依次答出与题目对应的称呼用语，看哪个组答得又多又快，选出最佳组。

3. 分组模拟练习。

（1）学生二人一组，分别担任不同的角色，模拟接待服务，检查称呼及礼貌用语的应用。

（2）学生三人一组，分别担任不同的角色，模拟接待服务，检查礼貌用语及介绍的应用。

如三人一组进行角色扮演，将单位同事介绍给客户。

①李总，这是我们销售部的张经理。

②张经理，这位是我们的VIP客户李总。

（3）学生点评，互换角色继续练习。

（4）学生及教师做点评总结。

任务三　如何处理投诉

案例导入

小王是某饭店新入职的餐厅服务员。一次，有几位外地客人在饭店餐厅就餐，他们点了很多当地的特色菜品。菜品上桌后，客人才发现盘子很大，菜可能点多了。客人私下议论，认为服务员应该告知一下，对服务员的工作有点不满意，但也没说什么。最后一道菜上来时，小王发现餐桌上已经没有足够的空间放下新的菜品了，于是她就把还有剩余的两个菜折合在一起，准备撤下去。客人有点不高兴，对小王说："服务员，我们这道菜还没有吃完，你怎么不问我们就撤了？"小王马上说："要上新菜了，没地方放了，再说也没剩多少了。"客人很生气："你这是什么态度！"小王也不示弱，与客人你一言我一语地吵了起来。客人非常生气，说："和你说不明白，把你们经理找来。"小王说："找就找，大不了我不干了。"客人非常生气地向餐厅经理投诉，小王受到经理的批评。最后，餐厅经理和小王一起向客人道歉，同时，饭店又重新做了一道特色菜送给客人作为补偿。

【分析】

在餐厅服务中，一个优秀的服务人员，应该根据客人的情况，本着真诚、热心的原则，从专业的角度帮助点菜，菜品应荤素搭配，数量适当；并观察客人的年龄、性别、宴请的性质做适当提醒，但应由客人自己做决定。此案例中，客人最初就因为菜点多了没被提醒不开心，后来服务又出差错，加上旅途劳累，小王态度又不好，最终客人忍无可忍，导致了投诉。

提高饭店的服务标准，一方面是硬件，另一方面就是服务，二者缺一不可。客人投诉首先意味着服务人员的服务出现了差错，或者客人的某些表面或者隐藏的需求没能得到满足。实际上，大部分客人是比较宽容的，出现投诉，很多是接二连三的不满意引起的。投诉是客人对饭店的管理、对饭店员工服务工作质量的一种劣等评价。

任何饭店任何员工都不希望有顾客投诉自己的工作，然而，即使是世界上最负盛名的饭店也会遇到客人投诉，但是，成功的饭店善于把投诉的不利影响降低到最小，同时总结原因，成立档案，将问题转化成饭店下一步发展的积极因素。成功的饭店会把零投诉作为饭店的管理目标，通过处理投诉来促进饭店管理水平的提高，促进员工服务水平的不断进步，避免投诉再次发生。正确认识顾客的投诉行为，就是不仅要看到投诉对饭店的消极影响，更要把握投诉中隐含的对饭店的有利因素，变被动为主动，化消极为积极。

一、客人投诉的原因

（一）投诉的分类

就客人投诉内容的不同，投诉可分为以下几种。

1. **对饭店服务人员服务不满意的投诉**

对饭店服务人员服务态度不满意的投诉

对服务员服务优劣的甄别评定，虽然不同客人因其年龄、性别、成长经历对服务的要求标准有所不同，但投诉基本表现在以下几个方面。

（1）服务员表情冷漠、服务厌倦、语言不耐烦。

（2）服务员动作拖沓、漫不经心、要求不予落实、效率低下。

（3）服务员的眼神、动作轻视客人，甚至议论客人。

（4）服务出现不当甚至错误时不道歉，反而和客人狡辩。

（5）服务员无根据地用语言、表情怀疑客人行为不轨，使客人感到受了侮辱。

2. 对饭店管理的投诉

饭店方面的原因主要表现为饭店环境、设施设备、服务场所未能满足客人的基本要求：热水不能24小时提供；饭店服务人员专业技能水平低，工作不称职、不负责任；服务人员岗位责任混乱，经常出现工作过失，如上错菜、房间安排错；饭店各部门间缺乏沟通和协作精神，管理人员督导不力，如客人多次给总台打电话无人接听、找不到服务人员；服务人员对客人尊重程度不够，不搭理；饭店服务指南、宣传手册内容和实际不符，如实际没有提供宣传的，让客人住店不方便或失望；饭店在管理方面缺乏时间观念，效率低下，如结账时间慢，洗衣没有按时完成，不守承诺违约，因为管理不善造成客人受伤等。

3. 对饭店设施设备的投诉

这类投诉多是因饭店设施设备不能正常使用而给客人带来麻烦又没有及时解决。如客房淋浴热水不稳定、下水道堵塞、空调不工作、噪音扰人、客房内无信号、门锁破损等。

4. 对客房及食品卫生的投诉

环境不卫生，如床单或枕头上有毛发，寝具、食具、食品不洁等，均可能引起投诉。

5. 客人方面的原因

客人方面的原因主要表现为：对饭店的期望要求较高，一旦现实与期望相去太远，客人会产生失望感；对饭店宣传内容的理解与饭店规定有分歧；个别客人对饭店工作过于挑剔等。

（二）投诉的表达方式

客人投诉时的表达方式一般有以下几种。

1. 理智型

这类客人在投诉时情绪比较理性，尽管很气愤，但仍然会以理智的态度、平和的语气和准确清晰的表达向受理投诉者陈述事件的经过及自己的看法和要求，善于平和地解决问题。这类客人看起来平和，实际很认真严谨，饭店更要以礼相待，不能应付了事。

2. 火爆型

这类客人遇到气愤的事时很难控制自己的情绪，语音大、语调高、语速快，言谈不顾及他人感受，会把自己的愤怒发泄出来，并要求快速干脆地解决问题，如果饭店管理人员拖沓、应付，会激起他们的负面情绪，激化矛盾。

3. 失望型

这类客人大多不会大吵大闹，他们只会要求解决问题。这类客人投诉的内容多是自以为无法忍耐的，或是希望通过投诉能达到某种程度的补偿，如果无法给予这类客人非常满意的答复，他们会非常不满意并且不会再来这个饭店。

二、如何处理投诉

（一）真诚道歉

处理投诉的第一个原则是真诚地表示歉意。服务人员要以恰当的表情表示自己对客人遭遇的同情，这是第一原则。客人表达投诉时坚决不能辩护，更不能打断或反驳客人。辩护就是告知客人他是错的，会更加激发客人的愤怒情绪，激化矛盾。针对投诉，要做到不辩护并发自内心表示感谢，听取客人的意见，适当为客人倒一杯

如何处理投诉

水，专注地倾听客人的诉说，准确领会客人意思，把握问题的关键所在。必要时，察看投诉物，迅速作出判断，确认问题性质及处理方案。饭店的客人大多数是因为接二连三遇到不满，才会提出投诉意见。所以，只要服务人员真诚地表达歉意，听取客人意见，一般很快就会获得谅解，挽回对饭店的损失和不利影响；如果投诉处理得好，还会收到意想不到的效果。

（二）慎用微笑

客人投诉时，心里一定是非常愤怒的，所以服务人员此时要表现出同情的态度和表情，以免引起客人更大的不满。

（三）耐心倾听

饭店处理客人投诉的时候要把握客人的心理反应，要明白客人的心理要求。客人投诉，无非是问题没有及时解决或根本没有解决，或是客人没有得到应有的尊重，只要满足客人求尊重的心理，给予一定的补偿，就可以收到较好的效果。这就要求服务人员根据具体的情况耐心倾听投诉，让客人的情绪充分抒发，降低愤怒情绪，然后再适时安慰客人，调节客人情绪。大多数

饭店服务礼仪教程

的饭店投诉，都是客人遇到了十分气愤的事情后做出的寻求自我保护行为。因此，在解决投诉的时候，一定要站在对方的角度，同情理解对方。如何在不损失饭店利益的同时安抚客人的情绪，这就要求管理者掌握一定的心理学知识和沟通的技巧与艺术。

（四）解决问题

在处理饭店客人投诉的时候，我们要明确，客人的最终目的是解决问题。因此，对于客人的投诉应第一时间调查，第一时间解决，必要时要向上级汇报情况，请示处理方式及意见。如有需要，要请上级管理人员亲自出面解决，这样可以在最短的时间里解决问题，让客人满意，最大程度减少负面影响，维护饭店的声誉。

客人的投诉是有针对性的，如果是技术方面的问题，马上找专门的技术人员进行维修。如果是服务态度的问题，要立刻在道歉的同时根据具体情况决定是否予以补偿。对于客人的投诉，管理者的原则就是大事化小，小事化无，这是解决客人投诉的王道！

（五）督促检查

向相关部门落实处理意见，监督、检查投诉工作的解决情况，再次倾听客人的意见。

（六）存档备查

把事件经过及处理结果整理成文字材料，一方面起到警示作用，另一方面存档备查。

处理投诉要注意兼顾客人和饭店双方的利益。实际上，客人的利益就是饭店的长远利益。管理人员在处理投诉时要身兼两种角色：一方面代表饭店管理人员受理投诉，因此，要考虑饭店的利益；另一方面代表客人去调查事件的真相，为客人服务。客人直接向饭店投诉，这种行为反映了客人相信饭店能公正妥善地解决当前问题，因此，管理人员必须站在维护客人应得利益又维护饭店声誉的角度公正地处理投诉。

🎧 课后作业

1. 客人投诉的原因有哪些？
2. 作为饭店服务人员，应该怎样做才能减少投诉？

3. 如何处理投诉？

技能实训

1. 以组为单位，讨论引起客人投诉的原因有哪些，并讨论怎样避免投诉。将讨论结果与全班分享，小组间互相点评，最后教师进行总结提升。

2. 将学生分成几个小组，抽签确定不同情景进行关于投诉的模拟练习。学生分别担任不同的角色，模拟遭遇客人投诉时，服务人员如何解决。完成一次练习之后互换角色，继续练习。完成训练后，小组互评，教师进行总结。

单元四　前厅服务礼仪规范

📚 学习目标

1. 掌握前厅优质服务的基本要求。
2. 掌握大门迎送员服务礼仪的基本要求。
3. 掌握前厅保安员服务礼仪的基本要求。
4. 掌握行李员服务礼仪的基本要求。
5. 掌握控梯员服务礼仪的基本要求。
6. 了解前厅清洁员、洗手间服务员服务礼仪的基本要求。
7. 掌握饭店代表服务礼仪的基本要求。
8. 掌握接待员和问询员服务礼仪的基本要求。
9. 了解话务员服务礼仪的基本要求。

案例导入

某大饭店门前，一家三口从车上走下，行李员马上走上前为客人拉车门、向客人微笑问好，接过行李并引领客人到总台前。

"下午好，您需要办理入住吗？"接待员面带微笑十分有礼貌地问。

"我昨天与你们通过电话，预订了一个家庭套房。"客人回答。服务员早就料到他们的到来，因为预订记录上写着一对夫妇今日下午来店。问题是今天的客房率已达100%，实在腾不出空房。

接待员查了一下预订记录，说："您确实预订了一个家庭套房，但是先生，十分抱歉，今天我们饭店遇到了突发事件，把您的房间占用了，现在没有一间空房，敬请您能谅解，我们帮您预订了另一个饭店。"接待员非常歉意地说道。

"那不行，这次旅游我们一家共同研究了很长时间，专门定的你们饭店，我担心没房间，还提前打电话预订。你们得把房间马上给我们腾出来，否则我投诉你们。"客人非常恼怒地说。

单元四 前厅服务礼仪规范

"先生,非常非常抱歉。因为昨天原定的一个会议团突然增加了几名成员,多要了几个房间,所以,原订的房间也不得不用来给他们。"接待员十分坦诚地告诉客人真实情况。"那我不管,你们饭店为了挣钱,不顾客人预订,失信取消,影响我们行程,还给我们带来麻烦,影响我们心情,我要找你们经理,我要投诉。"客人非常气愤地说。

"先生,请您谅解,确实是我们不对。"接待员仍然耐心地解释,"我已向部门经理汇报了这件事,我们已经与距离我们饭店最近的另一家五星级饭店联系过了,他们正好有一个家庭套房,那儿的设施设备比我们好,尽管饭店房价比我们高,但你们只需按预订的价格入住即可,我们还为您申请了免费康乐服务。如果您不介意,我马上派专车送你们过去暂住一晚,明日上午我再派车接你们回来,并向三位免费提供这几天的洗衣服务。"

一家人听到饭店如此周到体贴的安排,十分满意,于是欣然同意了这个解决方案。

【分析】

按照国际惯例,客人预订的房间必须得到保护,饭店不能因为无法解决而敷衍对待或一推了事。此案例中,如果不能满足客人的要求,责任在饭店,所以,饭店必须竭尽全力,找出妥善的办法,安排好客人的住宿。

任务一 认知前厅优质服务内容

前厅是客人进入饭店的第一个接触点,也是离开饭店的最后接触点,它直接关系到客人的住宿满意度和对饭店的印象。在现代化饭店里,前厅往往被认为是整个饭店的核心部门,无论是在前厅设置、员工素质还是在管理手段上,对前厅的要求都高于其他部门。因此,前厅的管理已成为饭店管理的重要组成部分。

一、前厅部的主要任务

(一)销售客房

前厅部的首要任务是销售客房。

前厅部是饭店的窗口，前厅部服务人员的素养，会直接影响客人对饭店的第一印象，也会给饭店效益带来影响。前厅部推销客房的数量、达成的价格直接影响着饭店的客房收入，而住店人数和住店客人的消费水平，也间接地影响着饭店餐厅、酒吧等部门的收入。因此，前厅部工作人员要随时了解饭店房态及其他方面信息，要不断学习心理学、沟通学，掌握1～2门外语，掌握推销技巧，以优质的服务为饭店盈利。

（二）正确显示房态

前厅部必须在任何时刻都正确显示每个房间的状况是客房、走客房、待打扫房还是待售房等，以便为客房的销售和分配提供可靠的依据，避免客房销售出现差错，同时为服务人员按要求及时打扫客房给客人提供干净清爽的居住条件提供保障。

（三）提供综合服务

前厅部必须向客人准确快速地提供订房、登记、邮件、问讯、电话、留言、行李、委托代办、换房、退房等服务，保证客人的需要在第一时间得到满足。为客人提供高效率的服务，就是为饭店创造收入。心理学家说"七秒钟决定第一印象"，对于客人来说，良好的第一印象极为重要，前厅工作人员要以宾客至上的服务态度、精湛专注的专业技巧为客人提供服务，妥善完美处理客人投诉，认真有效地帮客人解决疑难问题。这不仅会让客人对整个饭店产生良好的第一印象，也会给企业带来良好的经济效益和社会效益。

（四）资料存档

前厅部应随时保存最完整、最准确的资料，对各项资料进行记录、统计、分析、预测、整理和存档，以方便饭店的管理。

（五）协调对客服务

前厅部是自始至终为客人服务的中心，是客人与饭店联络的纽带。前厅部要向客房、餐饮等有关部门下达各项业务指令，然后协调各部门解决执行指令过程中遇到的各种问题，使得各个部门既独立又相互配合，为客人提供优质服务。

（六）建立客账

建立客账是为了记录和监控客人与饭店间的财务关系，以保证饭店及时准确地得到营业收入。饭店可以在客人预订客房时建立订金或预付款账单，并在客人办理入住登记手续时建立客史档案。大部分饭店会为住店一次以上的零星散客建立客史档案，记录相关内容。

（七）接待礼宾服务

该服务包括为客人办理入住手续、分配房间、接待其他消费客人及来访者等，提供机场、车站接送，行李搬运，出租车服务，邮电及问询服务等。

二、前厅部的地位和作用

（一）前厅部是饭店信息中心

在饭店各部门中，前厅部是与客人接触最多的。客人从抵店到离开的多个环节都与前厅部密切相关。前厅部作为信息中心，在建立和维护良好的宾客关系中起着重要作用，是饭店的神经中枢。

客房是饭店最主要的产品，前厅部通过客房的销售来带动饭店其他部门的经营活动。为此，前厅部要在积极开展客房预订业务、为抵店的客人办理登记入住手续及安排住房、积极推销饭店各种产品的同时，还要及时地将客源、客情、宾客需求及投诉等各种信息通报至有关部门。前厅部人员对客人的服务贯穿客人与饭店交易往来的全过程，从客人的预订、入住，直至结账、建立客史档案。高质量的前厅服务有利于提升客户的满意度和忠诚度，进而为饭店创造更好的经济效益和社会效益。

（二）前厅部是饭店管理机构的代表

前厅部是饭店的代表，是建立良好宾客关系的重要环节。前厅接待服务广泛，业务复杂，专业技术性强，人员素质要求高。在客人心目中，前厅是饭店管理机构的代表，客人入住登记在前厅、离店结算在前厅，客人遇到困难寻求帮助找前厅，客人感到不满时投诉也找前厅。前厅部要及时地将客源、客情、客人需求及投诉等各种信息通报有关部门，共同协调全饭店的对客服务工作，确保服务工作的效率和质量。这就要求前厅部工作人员具备较强的综合素质。前厅服务人员敏锐的思维、快速的反应能力、良好的语言表达能力、优雅的举止，这些都会给客人留下深刻的印象。

（三）前厅部是饭店管理机构的参谋和助手

前厅部的工作有利于提高饭店决策的科学性。作为饭店业务活动的中心，前厅部能收集到有关整个饭店经营管理的各种信息，从而对这些信息进行认真的整理和分析，前厅部会每日或定期向饭店管理机构提供真实反映饭店经营管理情况的数据，还会定期向饭店管理机构提供咨询意见，对饭店市场形象、服务质量乃至管理水平和经济效益有着重要影响。前厅部人员要有一定的英语水平，能用英语处理日常事务。前厅部人员要关注并了解市场行情及动态，做好参谋和助手工作。

三、前厅部的优质服务规范

（一）微笑真情服务

微笑是服务最好的无声语言。在服务中，微笑传递的信息比任何语言都有力。前厅服务直接影响着客人的满意度。一个优秀的前厅工作人员，要具备专业化、流程化、个性化的专业技能，还要有敬业爱岗的服务意识，对待客人要主动、热情、耐心。一个温暖的微笑，一句热情的问候，能使客人一路的疲惫一扫而光，有终于到了家，可以安心放松休息的安全感、舒适感、满意感。"提高客人幸福度，把体贴入微做在服务的全过程中"，就是要求每一个员工把客人当作自己的亲人一样看待，真心实意、心甘情愿地为他服务。比如贴心的赠送服务，有些饭店在客人入住时，会在给客人房卡的同时，向客人赠送饭店刚刚做好的甜点，给客人一份意外的惊喜。带着余温的甜点，会温暖到客人心里。客人离店时，冬天会赠送一盒热牛奶，夏天则赠送一瓶矿泉水。这些小礼物如一股春风，陪伴客人离去，让客人有再回家的愿望。还有一些饭店，会询问客人住店感受，谦虚致谢。

（二）高效性服务

前台是饭店的窗口，是饭店给客人的第一印象。一方面，前台工作人员要保持良好的仪容仪表，面带微笑、精神饱满地迎接客人，让每位客人走进饭店都能体验到我们的真诚、热情，真正有宾至如归的感觉。另一方面，就是要高效率服务。客人经过旅途奔波，希望马上入住休息；也有的商务客人，时间就是效率，客人都不喜欢因拖沓耽误时间。这就要求前台服务人员要熟悉饭店的基本情况，如客房类型及其特点、饭店各部门的基础知识和最新优惠活动、周边的商业区和景区距离、菜肴特色等信息，以便为客人提供更为快捷的服务。当客人走进饭店时，前台服务人员要主动问好。称呼客人时，如果是熟客，应准确无误地说出客人的姓名和职务；如果是第一次入住的客人，在登记完成后，就要称呼客人的姓氏。这一点非常重要，宾客会因此感受到自己受到了尊

单元四 前厅服务礼仪规范

重和重视。前台服务人员还要收集客人的生活习惯、个人喜好等信息，并尽最大努力满足客人，让宾客每次住店都能感受到意外的惊喜，从而成为饭店的回头客，为饭店增加经济效益，扩大影响力，提高社会效益。

（三）贴心式销售

贴心服务是服务的基本要求，也是让客人"回家一样"感受的具体体现。"感谢您选择了我们，您的满意是我们的使命""您的满意是我们的责任""面对面的沟通，心贴心的服务"，这些句子都表达了饭店对服务的追求，对客人的承诺。客人无论男女老幼，无论性格脾气、素质高低、国籍为何，都有一个共同的渴望：得到饭店服务员的贴心服务。自然真切的情感，尤其容易打动客人，给客人留下深刻的记忆，客人每每回忆起来，都是一种美好的享受。这样的服务，才会给企业带来长久的发展。前台服务人员要及时理解体会客人的需要，客人需要住房时，应先认真倾听客人的要求，以判断客人所需要的房型，再根据本店的房型、房价进行推荐，力争让宾客满意。认真倾听客人要求还能提高工作效率。在向客人描述饭店的情况时，要注重介绍饭店的特色和优势，让客人对饭店有一定的了解，必要时可以先让客人参观房间。此外，针对不同性格的客人，前台服务人员可以采取不同办法。比如：针对内向犹豫的客人，我们可以帮助他们做决定，多建议，语气柔和；针对果断的客人，我们要干净利落地阐述客人想要了解的信息，再由客人自己决定。全方位的服务，会让客人感觉舒适、安全、温暖。

（四）细心服务

"细节决定成败""细微之处见真情"。饭店服务无大事，多是一些细微琐碎的小事，把小事做细做精才能做好服务，才能把服务做在客人惊喜之处。

细心服务，要在细微之处下功夫。比如个性化服务：如针对儿童可以赠送小伴手礼；针对不同的客人，运用不同的语速交流；还可以学一些方言，让不同地区的客人有亲切温暖之感。

（1）个性化的房间布置。前厅部工作人员要细心了解客人类型，如发现客人是新婚夫妇，要告知客房部，布置新婚之喜的氛围；如客人入住期间恰逢其生日，要准备生日礼物，给客人惊喜。

（2）如果客人询问周边环境，或者询问路线，不可简单地指一下方向和道路，而应拿出一份市内地图，详细介绍其方位、坐车路线、里程数、可能碰到的相同地名或相似建筑物等，令客人一目了然、清晰准确地了解询问的问题的答案。要随时准确解答任何人关于市内电话号码和本地情况的查询。

（3）客人询问的事情总台如不能及时回答，应先记下房号，然后立即帮助查询，并即时告知客人查询结果。这还包括帮助客人打长途电话，并告知结果。

（4）在饭店经营旺季，很多有预订的客人不能即时进房，特别是上午进店的客人会因房间没有打扫好无法马上进房休息。遇有这类情况，可以引导客人到酒吧区休息等候，饭店免费提供饮料，让客人安心休息，暂缓疲劳，等待入住。

（5）特殊客人的服务。对一些行动不便的客人，可以由服务员送客人进房间；对于老年人和小朋友，要格外关心和照顾；对生病的客人，要主动上前问候，给予特殊关照。

（6）如客人有困难或有事，可以通过长途电话，帮助客人确认异地机票或订房。

（7）在客满或客人不能接受本店房价时，应帮助客人联系其他类似的饭店住宿。

（8）记住常住客人和老年客人的姓名、爱好及现在住店的房号，主动及时地提供服务。

（9）特殊天气的服务。告知客人天气变化，温暖提醒客人出门时添减衣物。在雨、雪天，迎宾员准备一把雨伞，在给客人开车门时为有可能淋到雨的客人挡雨，并随时照顾客人地面情况，提醒"小心路滑"。此外，雨、雪天应向客人提供塑料袋，供客人放雨伞用，也可提供一次性雨衣方便出行客人。

（10）为住店和非住店客人提供简单的读物。

（11）细心观察客人的体态语言及表情变化，把服务做在客人开口之前。

（五）远程服务

远程服务，指利用互联网技术，向不同地域的客人提供实时人工服务的方式。这类服务方式具有即时性、灵活性、方便性及人性化特点，通过远程服务，客人可以与服务人员直接沟通。在信息化时代，远程服务已经成为饭店预订的主要形式。

例如，客人通过互联网、电话、传真、第三方等方式预订房间，方便快捷，高效省时。远程服务中，虽然饭店服务人员和客人不见面，但其服务的快慢与好坏同样影响饭店的品质与品牌。

因此，一个优秀服务员不仅要能够做好面对面的服务工作，而且要能够充分利用网络即时做好远程服务,赢得客人赞誉,为饭店创造商机,创造社会价值。

课后作业

1. 前厅部的主要任务是什么?
2. 前厅部服务人员如何做到优质服务?

技能实训

将学生分成若干小组,以小组为单位,学生自行设计主题,模拟前厅部优质服务场景进行表演。学生互评,教师进行总结。

任务二　前厅服务人员礼节礼貌要求

服务礼仪贯穿于饭店服务接待的全过程,从客人进入大厅、入住饭店,到离开饭店的各个环节中,服务人员的服务都要规范标准,最大限度地为客人提供最优质的服务。

前厅是客人接触饭店的第一窗口,从门童到订房员,前厅服务人员都会给客人留下第一印象,而这一印象会影响客人对饭店的评价及后续服务的期望值。前厅所有岗位的服务人员包括大门迎送员、前厅保安员、行李员、控梯员、前厅清洁员、洗手间服务员等。

一、前厅服务礼仪规范要求

(一)大门迎送员服务礼仪的基本要求

迎送员是一个饭店的"门面",是第一个和客人见面的人,给客人留下的第一印象尤为重要。迎送员应该做到服饰平整、挺括醒目、仪容整洁、端庄大方、仪态标准、规范优雅,精神饱满热情地站在正门前,恭候客人的光临。

前厅接待员服务礼仪的基本要求

大门迎送员的主要责任是在大门为客人提供迎送工作。大门迎送员的职责如下。

（1）见到客人乘车抵达时，大门迎送员要主动热情迎接，引导车辆，等车停稳后，立即主动迎上，要面带微笑，问候客人，热情地说："您好，欢迎光临！"并行30度鞠躬礼，对常住客人要称呼其姓氏。然后一手拉开车门，一手挡住车门框的上沿，不要让客人碰头。

（2）开车门的原则是为女士、主宾服务，如果无法确定，就开司机斜后方的尊位，也就是饭店大门一侧的后门（见图4-1）。

（3）问候客人，帮助客人卸、提行李，如遇到老人及需要帮助的客人，要主动搀扶，如果客人不需要，则不要勉强。查看车上是否有客人遗留的物品，然后对司机师傅道别："谢谢您，您辛苦了。"

（4）如遇雨天、雪天，要为客人撑伞，并细心提醒客人小心地面雨水及路滑。

（5）客人离店时，要为客人开启大门。如果客人需要出租车，要帮助他们联系车辆，并记下车牌号码，把车子引导到客人方便上车的位置，拉开车门请客人上车，并核实行李件数。在看清客人已坐好，衣裙不影响关门时，再轻关车门，并礼貌告别："谢谢光临""欢迎您再次光临，再见""一路顺风""一路平安"。然后退到车辆右前方一米左右处，面带微笑目视车内客人，招手示意。车辆启动时，挥手告别，目送客人离去。待车辆远去，转身回到岗位。

（6）认真做好日常值勤工作，保证环境干净整洁。

（7）如果遇到客人问询，要热心回答给予帮助。如果自己不了解，要请客人稍等，去咨询其他服务人员，给予客人最满意的答复。不要应付了事，更不能置之不理或回答"不知道"。

图4-1　大门接应礼仪

（二）前厅保安员

前厅保安员的主要职责是做好前厅和周围区域的安全保卫，以及协助迎送员车辆指挥、行李提拿、来客问讯等工作。对前厅保安员的要求如下：

（1）服饰干净利落，仪容大方端庄，举止稳重威武，给客人以安全感和信任感。

（2）眼观六路，耳听八方，反应敏捷，具有敏锐的观察力，及时发现客人的需求及可疑情况。

（3）协助迎送员指挥车辆，提拿行李。主动帮助客人，询问客人需求，热情引导。

（4）认真执行保安制度，保证饭店及客人安全。

（三）行李员

行李员的主要职责是完成客人的行李接送工作，具体如下。

（1）按站立服务要求迎候客人，服装干净整洁，微笑点头向进出饭店的客人致意。

（2）客人抵达时，快步走上去，微笑鞠躬问候，帮助提携行李，客人坚持亲自提携的物品应尊重客人的意愿，不要强行接过来。在使用推车装运行李时，要轻拿轻放，应特别注意不要让行李掉到地上，以免引起客人的不满。如果是团队客人，要问清行李件数，同时记下客人所乘的车牌号码，以便有问题时进行查找。

（3）认真填写行李进出及运送记录，分检入住团队行李，收集离店团队行李。

（4）引领陪同客人到总服务台办理住宿手续时，要走在客人左前方一米处；客人办理手续时，应侍立在客人身后一米处等候，以便随时接受客人的吩咐。

（5）乘电梯时，如果无控梯员，则行李员带行李先进，然后一手挡住电梯门请客人进入，再按楼层按钮，并告诉客人。如果有控梯员，则请客人先进，电梯到达指定楼层后，请客人先出电梯，然后将行李运出。如果大件行李有碍客人出入，行李员应先运出行李，然后再请客人出电梯。

（6）引领客人进房时，要边走边时刻关注客人，微笑提醒客人拐弯及路况。到达房间，先按门铃或用手敲门通报，敲门用中指的骨节，轻重以对方听到为准，先敲三声，没有回应再敲三声，然后再开门。扫视房间无问题后，请客人进房。

（7）随客人进入房间后，要把行李轻放在行李架上，或按客人要求的位置放好，箱子的正面朝上，箱把手朝外，便于客人取用。行李放好后，要与客人认真核对，无差错后，向客人简单介绍房间内设施和使用方法，如客人无其他要求，随即礼貌告别，以免给客人产生索要小费的误解。

（8）离房前，应体贴微笑地礼貌道别："先生，请您好好休息，再见！"应先面对客人，后退一步，再转身离开，将门轻轻关上。

（9）客人离开饭店需要取行李时，无论房门是关着还是开着，行李员均按门铃或按规范敲门通报："您好，我是行李员。"得到客人允许后再进入房间。双方共同清点行李件数后，迅速把行李放在行李车上，如客人跟行李一起走，客人离开房间时行李员要将房门轻轻关上。

（10）把行李送至大门，并负责装到车上，面带微笑，挥手告别，并祝客人旅途愉快。

（四）控梯员

控梯员是饭店为了方便客人而设置的专门控制电梯按钮的人员，其主要职责是在电梯口迎送客人。对控梯员的主要要求如下。

（1）仪容仪表端庄大方，服务式站姿立在电梯轿厢内，上身挺直，精神饱满，面带微笑，问候客人并问："先生（女士）您好，请问您去几楼？"

（2）电梯到达客人的要求楼层时，微笑体贴地提示客人，并用手势示意："先生（女士）您好，某某楼层到了，请您慢走。"

知识链接

接待的礼仪规则

一、登记信息

客人要找的人不在时，如果客人方便，请其留下姓名、电话，以及下次会见的时间、地点和方式。

二、提供服务

客人到达时，若需要客人等待，要说明原因，表示歉意，并向客人提供茶水、杂志等。

三、引导规范

引领员带领客人时，应该走在客人左前方1米左右距离，用规范的引领手势引领，行进速度以客人为准，并时刻提醒客人转弯及台阶等。

（一）楼梯的引导规范

引导客人上楼时，应该让客人走在前面，接待人员走在后面，以保证客人有危险能够及时搀扶；下楼时，应该由引领员走在前面，客人在后面。上下楼梯时，及时提醒客人小心台阶，注意安全。如果是穿着短裙的女士，应让女士走在后面以示尊重，或以女士要求为主。

（二）电梯的引导规范

（1）如果有控梯员，请客人先进先出；如果没有控梯员，请客人后进先出，引领员要先进入电梯操作。

（2）进入电梯后，请客人站在电梯按钮后方，自己既不能背对也不能面对客人，应侧身站立，以示尊重。如果电梯内没有其他客人，依据情况，可作适当交流。

（五）前厅清洁员

前厅清洁员主要负责搞好大厅公共卫生及有关服务工作。前厅清洁员的主要职责如下。

（1）保持大厅地面亮洁如新，物品一尘不染，出现脏渍要即时清理干净。清理卫生时，不要妨碍客人的任何活动，也不要打扰客人。服务人员可以等客人，但不能让客人等服务人员。服务人员要做到主动让道。

（2）在客人休息处清理烟缸及其他杂物时，操作要轻、快、准，以侧对客人为佳。要主动问候客人："先生（女士），您好！"如果客人正在交谈或打电话，对客人微笑点头示意即可。

（3）在高处擦拭物品时，要注意下面有无客人经过。操作切记：安全第一。

（六）洗手间服务员

洗手间服务员负责洗手间的清洁卫生，并负责为宾客提供细心的服务。洗手间服务员的主要职责如下。

（1）见到客人到洗手间，微笑热情鞠躬问候："先生（女士），您好！"

（2）细心观察客人，及时提供服务方便客人，随时提醒客人注意地面安全。

（3）待客人方便完毕，要立即打开冷、热水龙头，快速调节水温，请客人净手；即时打开消毒皂液的开关，让皂液流出，供客人使用。

（4）客人净手后，适时递上干净的小毛巾或纸巾，如果客人选择干手器，以客人习惯为主。

（5）洗手间要备有护手霜、棉签、棉片、木梳、指甲钳等，根据客人需要，为客人提供使用。

（6）客人离去时，为客人拉门并配以手势，微笑道别："先生（女士），请您慢走。"

（7）随时擦干净洗手间的水渍，清理哪怕一丝的杂物，保持洗手间洁净清新。

（七）饭店代表（机场、车站接送服务）

饭店代表专门在机场、车站为客人提供接送服务。对饭店代表的主要要求如下。

（1）饭店代表的服饰要干净、整洁、醒目，手持有饭店店徽的欢迎牌，站姿规范，恭候客人的光临。欢迎牌要独具特色、无破损、牌面较新。

（2）提前了解客人特征，方便在众多客人中快速寻到客人。客人抵达时，主动热情地迎上去，并做自我介绍，询问："您是××先生（女士）吗？欢迎您的光临！我是××饭店代表。"要主动帮助提携行李，如果客人要自提行李，应尊重客人意愿。

（3）提前了解天气情况，预备雨伞、遮阳伞等。

（4）礼貌地引领客人，边走可以边适当问候"您一路辛苦了"，到车上就座后，清点行李并放好，轻关车门。

（5）送客时，要准确掌握客人的离店时间，不急不缓，让客人满意舒适。

二、总台服务礼仪的基本要求

饭店的总台是客人入住必须经过的服务"窗口"，总台服务人员的服务素养决定了客人的入住感受。因此，总台服务人员不仅要有过硬的专业技能，准确、快速地推销客房，还要特别讲究服务礼仪规范，语言礼貌热情，举止优雅大方，给客人留下满意的印象。总台所在的岗位人员有接待员、问询员、订房员、结账员、外币兑换员、商务中心服务员、话务员等。

（一）接待员

接待员主要负责为住店客人办理入住的接待工作。接待员要熟知饭店的有关情况，掌握标准的普通话及至少一门外语，具有较强的口语表达能力、沟通协调能力，懂得饭店管理知识，有大局观。对接待员的工作要求如下。

迎客

（1）做好入住接待准备。准备好入住登记表、收据、现金等。掌握当日住店客人名单及房态，以备查用。了解饭店附近及本城市吃、住、行、游、购、娱等信息，及时满足客人询问。

（2）着装整洁，仪容仪表端庄稳重，站姿规范，边工作边观察入住客人。

5～10米距离微笑点头示意，表示欢迎；3～5米30度鞠躬问候，在客人走到前台时微笑问好："您好！欢迎光临，请问我能为您做些什么？""请问您需要办理什么？"。

（3）如果是已经预订的客人，确认无误后，按程序办理入住手续，工作要专注认真，并用标准手势指明签字位置。为客人递送笔时将笔尖朝向自己。仔细验看宾客的证件，与登记单核对无误后要迅速交还并致谢："谢谢您，让您久等了。"

（4）接递证件及单据要用双手，单据、证件、房卡等正面朝向客人。把住房钥匙连同房卡交给客人时，不可一扔了之，要礼貌地双手递上并说："先生（女士），这是您的房卡，祝您住店愉快！"动作要迅速，尽量不让客人久等。当知道客人的姓氏后，要称呼其姓氏，让客人有受到重视、享受尊重的心理感受。

（5）如果客人没有预订，要尽量按客人要求（楼层、朝向、房型）安排房间。必要时可推荐特色套房，以满足不同客人的要求。如果客人不知道哪一个房间适合，可依据房态信息，适时推荐，如"我为您推荐大床房，我们现在有豪华大床房、行政大床房和江景大床房，我简单为您做一下介绍。我们豪华大床房，提供免费早餐，房间每晚800元；行政大床房房间宽敞，提供免费早餐，房间每晚1 000元；江景大床房，更具性价比，卫生间干湿分离，还配有按摩浴缸，能看到江景，提供免费早餐、免费擦鞋服务，还能免费享受康乐中心所有的项目，房间每晚1 200元。您看您需要哪种呢？"。

（6）有较多客人同时抵达而服务工作繁忙时，要按先后顺序依次办理。对后一位客人说："对不起，请您稍等。"使每一位客人不受冷落。对中外宾客要一视同仁，不厚此薄彼。

（7）如客房已满，要耐心解释，热情地推荐其他饭店，或者请客人稍等，看是否有人取消订房或迁出，尽量解决。此外，可以温馨提醒客人："下次光临时，您可以先预订，我们一定为您预留。"

（8）如果客人通过电话预订，应该专注倾听，认真记录。重点内容要向客人重复确认，以免出错。和客人沟通时，要适时用简单的字如"嗯""好的"等作为回应。预订完毕应礼貌道别，在客人挂断电话后，方可挂断电话。

（9）客人退房时，可以适时征求客人意见："住店期间您觉得满意吗？欢迎您提出宝贵意见。"

（10）客人对饭店有意见来接待处投诉时，接待员要以真诚的态度表示理解同情，道歉倾听，绝不能与客人争辩或反驳，要有同理心地妥善处理问题。

（11）做好客史档案，以便有针对性地为客人提供优质服务。

知识链接

接待员接待客人订房示例

服：（2米微笑问候，目光迎向客人）您好女士，欢迎光临本饭店，请问有什么可以帮您？

客：给我开个房间。

服：请问您有预订吗？

客：没有。

服：您是一人入住吗？

客：是。

服：我现在为您查一下房态信息。我为您推荐大床房。我们现在有豪华大床房、行政大床房和江景大床房。我简单为您做一下介绍。我们豪华大床房，提供免费早餐，房间每晚800元；行政大床房房间宽敞，提供免费早餐，房间每晚1 000元；江景大床房，更具性价比，卫生间干湿分离，还配有按摩浴缸，能看到江景，提供免费早餐、免费擦鞋服务，还能免费享受康乐中心所有的项目，房间每晚1 200元。您看您需要哪种大床房呢？

客：那我要一间江景大床房。

服：请问您住几天？

客：先开一天。

服：请问您对房间有什么具体要求吗？比如楼层朝向等。

客：没有。

服：我来为您确认一下，您要一间江景大床房，今天入住，明天离店，住一晚。江景大床房每晚1 200元，含免费早餐、免费擦鞋服务，可免费享受康乐中心所有项目。我将为您安排远离电梯口的房间，那里比较安静。

客：好的。

服：请您出示一下身份证，我给您做一下登记。（接过身份证后说"谢谢"）王女士，请问您是本饭店会员吗？

客：是。

单元四 前厅服务礼仪规范

服：我来为您查一下会员号码。王女士，您的会员号码是12345。您的房间还可再免费享受一份果盘。

服：（把身份证放到机器上）王女士，请您移步到摄像头前，看一下屏幕，配合我做一下人脸识别。（识别成功）感谢您的配合。

服：请问您是现金还是信用卡？

客：信用卡。

服：好的，我将刷取您2 400元预收金，其中1 200元作为房费，1 200元作为押金，押金会在您离店时自动退还。（操作刷卡，用手示意请客人输入密码；票据两联，请客人签字，自己留上联，下联交给客人）王女士，这是您的银行卡及刷卡票据，请收好。

服：（拿出入住登记单填写）王女士，现在为您填写入住登记单。（填写姓名、入住时间、房号、房间价格、会员号码、编据号）王女士，请问您的联系电话是多少？请问您开车了吗？我为您备注一下车牌号码，我们饭店可以免费停车。

服：请您确认一下入住登记单的内容，并仔细阅读本饭店的相关规定，确认无误后，请您在这里签字。（将入住登记单正面递送给客人，指示客人需签字的地方；将签字笔双手递给客人，注意将笔尖朝向自己）

客：好的，谢谢！

服：王女士，我现在为您制作房卡（手动选房间），您的房间在16楼。（将房间号和客人姓氏填写在卡套上，把房卡插入卡套内；将准备完毕的房卡连同身份证一起正面双手交给客人）王女士，这是您的房卡以及身份证，请您收好。

客：谢谢！

服：请问您有贵重物品需要寄存吗？

客：没有。

服：您是否需要一次性洗漱用品？（需要就拿出来给客人，不需要就忽略）

服：王女士，我们饭店的早餐开餐时间是早7点半到9点半，早餐餐厅在七楼西餐厅。请问您需要行李服务吗？

客：需要。

服：好的，行李员在电梯旁边等候您，电梯在您的右手边，祝您入住愉快。

服：（目送客人，客人进入电梯后认真整理台面，用夹子夹好单据，所有资料收到台面上）

饭店服务礼仪教程

（二）问询员

问询员主要为住店客人提供咨询服务。对问询员的主要要求如下。

（1）掌握交通、旅游、地理、历史等相关知识，尤其是当地情况；了解天气状况；能用标准普通话、一门流利的外语与客人交流。

（2）仪表端庄、仪态大方，细心观察每一位客人的情况，随时准备接受宾客的问询。

（3）回复客人问询时，语言要清晰、准确、简练。对于客人不明白的事情，要耐心解答；如有自己不明确的问题，要请客人稍等，询问有关部门后为客人解答。不能推诿，更不能面露厌烦之情，要尽可能解答客人的所有问题；确实无法解答的，可向客人耐心解释，求得谅解。

（4）如多人同时问询，应急问快答，使每位问询的客人都能得到舒适的接待、满意的答复。注意力要集中，尽量不让客人重复问题。

（5）在接受宾客关于出行的问询时，要热心地为宾客提供游览景点、往返路线、交通工具、购物场所等信息，信息要准确无误。

（6）有人来访请见客人时，一定要打电话征得客人同意后，才能把房间号告诉来访者。接受来电查询时，应热情帮助解决。如不能马上回答，应对来电的客人讲明等候时间，以免对方久等引起不满。如客人要求预约出租车等事宜，应随时做好书面记录，并把房号、姓名、时间告知车队。交班时还未落实的事要与接班人交代清楚，勿遗忘疏忽。

（7）注意备案，详细记录有关资讯内容。

知识链接

拒绝的艺术

如何礼貌得体地拒绝客人？下面介绍几个常用的话术。

（1）非常感谢您的关注，现在这个活动没有开展……请您稍后留意，如果您方便，可以留下电话号码，我们会及时通知您。

（2）女士（先生），您的心情我能够理解，我们会按照您的意见合法合规给予解决，希望您能满意。

（3）女士（先生），您是我们的贵宾，让您满意是我们的工作职责。

（4）女士（先生），我能理解您，但非常抱歉，您的具体要求，在我的权限范围内无法满足您，我马上反馈给相关部门，有结果后第一时间反馈给您，好吗？

单元四 前厅服务礼仪规范

（5）女士（先生），您说的这些，确实是有一定的道理，如果我们能够帮到您，我们一定会尽力，不能帮您的地方，也请您谅解。

（三）话务员

电话总机是饭店内外通信的主要枢纽，话务员担负着沟通信息的重要工作。在日常服务中，话务员虽然不与通话人直接见面，但是通过声音的传播，客人能感受到饭店的服务水准。因此，话务员要用标准规范的服务语言及沟通技巧，向客人提供优质的服务，并通过自己的服务，赢得宾客的认可和赞誉，树立饭店良好的对外形象。对话务员的基本要求如下。

1. 接听电话前

（1）准备记录工具。如果没有准备好记录工具，例如笔和纸、手机、电脑等，那么，当对方需要留言时，就不得不要求对方稍等一下。让宾客等待，这是很不礼貌的。

（2）不要边接听电话边做其他与工作无关的事情，这会给对方以不尊重、工作态度不认真的感觉，进而使对方对企业的管理产生怀疑。

（3）工作要专注，铃响三声以内接电话，越快越好。打电话时姿态要端正，虽然对方看不到话务员的姿态和表情，但是如果话务员的姿势不正确，表情冷漠，发出的声音及表达的情感态度都会是不一样的。

2. 接听电话

（1）重要的第一声。

甜美、亲切的第一声"您好"，会给客人留下良好的第一印象，进而使其对饭店产生好感。因此，话务员时刻要有"你的声音就是饭店的形象"的意识。接听电话要做到以下几点。

①保持微笑。虽然对方看不到你的表情，但对方是能感觉到的，笑着说话可以第一时间传递热情与真诚，为后续的沟通打下基础。要注意接听电话的语调，让对方感觉到你是非常乐意帮助他的。要能从你的声音中听出你的热情。

②语言规范。服务要使用礼貌语言，敬语当先，如"您好""请讲"等。语气要谦虚，态度要诚恳。要注意语速，快慢要适中，根据不同的通话对象，要运用恰到好处的讲话速度；对有急事的通话人，不能给人一种慢条斯理故意拖延时间的感觉；对老年人或语言不易沟通的通话人，要适当放慢语速，以期

传达的信息明白无误。不论用哪一种语言或方言说话，都要做到发音准确、清晰；语调不能过高或过低，要柔和、清晰、悦耳；音色要柔和、充满活力，使通话人好像听到家中亲人的问候，有"宾至如归"之感。

③认真倾听。认真倾听对方的讲话内容，如对方的谈话很长，也必须有所反应，并即时用"嗯""好的"给予反馈。注意接听电话的措辞，绝对不能用任何不礼貌的语言方式来使对方感到不受尊重，无论对方说话时的态度如何，话务员要始终保持语气谦逊、态度诚恳，决不能顶撞通话人、与通话人发生争执。话务员要使通话人感受到关心和协助，要把为他人服务、为他人解决困难作为自己的工作目标。

④语言精练。主动问候，报部门："您好，××饭店，请问我能为您做些什么？"通话完毕，礼貌告别："谢谢您，再见""感谢您的……"。如果知道对方的姓氏，要称呼姓氏，如果知道职务，以最高职务称呼为尊。话务员要用简练的语言了解对方的来电目的，如自己无法处理，也应认真记录下来。

⑤转接电话。电话转接要迅速。每一位员工都必须尽量自行解决电话问题，如果自己解决不了再转接分机，并要让对方知道电话是转给谁的。如果需要对方等待或电话线路发生故障，必须向对方表明原因并真诚道歉。对方需要帮助时要尽力而为，自己做不到时要请求其他部门帮助。接到找人的电话应请对方稍等，然后用手掩住话筒，轻声招呼你的同事接电话，尽快传达。如果要找的人不在，切忌说声"不在"就把电话挂断，应该热情真诚地询问："有事需要我转告吗？""如果方便，您可以告诉我您的电话号码，等他回来我帮您转告"。

（2）要有乐业的态度。

要有敬业爱岗的职业道德，不把不愉快带到工作岗位。打电话时要保持良好的心情，微笑热情。即使对方看不见你，也会被你欢快的语调感染，从而对饭店产生好的印象。面部表情会影响声音，所以，即使在电话中，也要抱着"对方在看着"的心态去工作。如果绷着脸，声音会变得冷冰冰，会给饭店带来不好的影响。

（3）三声以内接听电话。

要迅速准确地接听电话。三声以内接听电话是星级饭店的硬性要求。如果响铃超过三声，马上道歉："女士（先生）不好意思，让您久等了。"现代社会，人们的时间非常宝贵，要求高效率，让客人久等，是很不礼貌的。此外，

单元四　前厅服务礼仪规范

客人在等待时心里会十分急躁，若长时间无人接听电话，客人会留下饭店无人管理、工作效率低下的不好印象。因此，即便电话离自己很远，也应该在听到电铃声后，用最快的速度拿起听筒。这样的习惯是每个饭店服务人员都应该养成的，是珍惜客人时间的表现。

（4）认真清楚地记录。

上班时间打来的电话几乎都与工作有关，所以饭店的每个电话都十分重要，不可敷衍。话务员要牢记"5W"技巧。"5W"是指When（何时）、Who（何人）、Where（何地）、What（何事）、Why（为什么）。在工作中，这些问题都是十分重要的。此外，电话记录既要简洁又要完备，这也有赖于"5W"技巧。

（5）等对方先挂断电话。

在工作中，无论什么电话，都要等对方先挂断。如果是长辈、上级或女士，也遵循此原则。

如果是正常的人际交往，没有级别长幼之分，在结束电话交谈时，一般应当由主叫的一方提出，然后彼此客气道别，说一声"再见"后主叫先挂电话，然后轻轻把话筒放好，不可"啪——"地一下扔回原处，这极不礼貌，如果对方后挂电话，更会给对方留下恶劣印象。

3. 注意事项

（1）切忌粗鲁无礼。

对方打来电话时，一般会自己主动介绍，如果没有介绍或者你没有听清楚，应该主动询问："请问您是哪位？我能为您做什么？""请问您找哪位？"。切忌拿起电话听筒盘问一句："喂，哪位？"这非常不礼貌，并且会让对方感受到压迫、居高临下的感觉。有的人在接听电话时非常不耐烦，会用命令的语气。"说""讲""什么事"这种命令式的、硬邦邦的电话接听方式显得过于粗鲁无礼，有一种盛气凌人的气势，让人听起来有被强迫、不受尊重的心理，非常不礼貌。

（2）不能吃东西时打电话。

打电话时，不能嚼口香糖，也不能吸烟、喝茶、吃东西。接听电话时吃东西会导致吐字不清，显得散漫无纪律，是企业管理无序的体现。话务员的声音传递的应该是晴朗明亮、积极向上的工作状态。如果话务员半躺在椅子上或斜靠在物体上，声音也会是无精打采、懒散不清的。

（3）注意接听电话距离。

接听电话时，应注意让嘴和话筒保持4厘米左右的距离，这种距离既能保证卫生，声音效果也最佳；要把耳朵贴近话筒，仔细倾听对方的讲话。

（4）注意保护他人的隐私。

通过电话填写入住登记单时，不能大声说出客人的电话号码。为了保护客人安全，千万不可在通话中把客人房号告诉来电者。如果来电者只提供了房号，还要请来电者说出此房间住客的姓名，避免住客受到错误电话的打扰。话务员从事的是一项机要工作，饭店内部的信息和宾客的私人情况是不能外泄的，这既是组织纪律，也是礼节礼貌的基本要求。话务员不得向外界披露饭店和宾客的情况，以确保住店宾客不受打扰或发生意外，维护饭店的声誉。

（5）让来电者讲完话，再进行等候设置。

询问来电者姓名，征得来电者同意，方可将来电者设置为在线等候状态。如果需要让别人在线等候，需要表示感谢，让来电者感受到尊敬和重视。

还应尽可能多地给来电客人提供一些选择，这会节省客人的时间。

此外，应经常给等候客人以反馈。如果仍然无法接通，要再向来电者询问一下，给来电者提供选择的机会。

（6）记录完整的电话留言。

尽可能为客人留言或询问客人是否需要介入语音信箱。要给客人选择的机会，有些客人可能不喜欢语音留言，这时应为客人记录完整的留言。

完整的留言包括：接听者的姓名、接听日期和时间、来电者的姓名和拼写、来电者的单位、来电者的电话号码等。记录完整留言后需重复客人的信息进行确认，要特别注意重复客人的姓名和电话号码。

如果话务员遇到听不懂客人或者其他来电者语言的情况，不要烦躁，也不要因为听不懂就挂断电话，要灵活应变，以简单礼貌的语言与客人沟通，尽心尽责地为客人解决问题；如果遇到自己解决不了的问题，可以请能解决问题的员工帮助。

感谢对方来电，并礼貌地结束电话。在电话结束时，应使用积极的态度，同时要称呼对方的名字来感谢对方。

（7）认真对待投诉电话。

当客人投诉时，不要找借口推脱，要本着对饭店负责任的态度，怀着同理心聆听来电者的诉求，提供解决方案。通话人对饭店服务质量有意见来电投诉时，要以虚心的态度仔细聆听，答应通话人定将此事及时转告有关部门，切不可拒绝或中断通话。

（8）叫醒服务要准时。

住店客人如来电要求在某时提供叫醒服务，话务员要当即做好准确、完整的记录。如不是自己值班，应在下班时对来接班的话务员做好交代，按要求准时叫醒客人，切不能大意误事，影响客人的工作或行程的安排。

（9）记录及时完整。

做记录时，信息要完整准确，重点问题要重复确认。如果记录时间较长，要告诉来电者，避免使来电者产生误解。电话礼仪的关键是：聆听、同情、致歉、解决问题并跟进后续事宜。做好这些，会使不愉快的来电者变得高兴，这些做法也许不是总能见效，但至少不会让来电者对饭店产生不满。话务员要及时向客人说明解决问题所需的时间，并跟进问题的解决情况。

（10）左手接听。

左手接听电话，右手随时记录有用信息。

（11）打电话时间。

若不是特殊情况，打电话要避开他人休息时间，如午睡时间、用餐时间、早晨刚上班时间、早晨7点之前、晚上9点以后。当然致电时间也要根据接听电话人的年龄、生活习惯、南北方差异而定。节假日尽可能不打扰对方。

（12）注意通话时长。

打电话前，要想好谈话内容，以便高效率通话。通话应简洁明了，不耽误对方时间，不能在工作期间打私人电话。

知识链接

手机礼仪

1. 不可在公共场所大声打电话或播放视频、音乐等打扰他人。

2. 避免边走路边看手机，安全第一。

3. 开会或重要活动必须将手机调至静音状态。

4. 聚会或一些交际活动要避免把手机放在桌子上，或长时间旁若无人地打电话。

5. 给他人发微信要尽可能用文字，内容简洁明了，方便对方在任何场合阅读。

6. 加他人微信要委婉地征得对方同意，不可贸然加入。

7. 将涉及他人隐私的信息包括照片等发朋友圈时要征得相关人员的同意。

8. 朋友圈应发积极健康的内容。

9. 遵守微信工作群的规定，不发群主题以外的任何信息。讨论任何与其他群成员无关的信息，对他人都是一种打扰。

10. 即使所在社群没有设定拉人限制，也不能随便拉人进群。认为有必要邀请某个新成员时，一定要先汇报给群主，征得其同意后由群主邀请进群。

11. 重要信息应立刻下载，避免信息被自动清除，或者因群解散出现下载问题。

12. 所有工作群都要设置为"保存到通讯录"。

13. 希望对方长久保留的信息或资料，应另发一份电子邮件。

14. 发送重要的消息之前应打草稿并认真检查之后再发送，避免出现错别字。

15. 休息时间，非紧急事件不要发信息。

16. 谈工作应尽量简洁高效。

17. 不要用"在吗"开头，这样发信息您可能会收不到回复，因为对方不知道您是要开始聊天还是要干什么，他怕浪费时间。

18. 发起语音通话或视频通话之前应征求对方意见。

课后作业

1. 大门迎送员、前厅保安员服务有哪些礼仪要求？
2. 行李员、控梯员服务有哪些礼仪要求？
3. 洗手间服务员、前厅清洁员服务有哪些礼仪要求？
4. 饭店代表服务有哪些礼貌礼节？
5. 接待员和问询员服务有哪些礼仪要求？
6. 话务员服务有哪些礼仪要求？

技能实训

1. 学生两人或三人一组，进行大门迎送员、前厅保安员的服务礼仪模拟训练，要求站姿规范、面带微笑、举止优雅、用语礼貌、目光和眼神符合服务要求，小组之间互相点评。训练完成一次之后，各组互换练习任务再次练习。

2. 对着镜子，自己进行指示方向、引领客人等不同手势及表情的动作练习，感受通过自己的动作向对方传达出自己的尊敬之意。

单元四 前厅服务礼仪规范

3. 练习打电话。

学生二人一组，分别担任打电话的客人和接听电话的话务员。

小组共同讨论，拟定打电话内容、接电话的方式和需注意的电话礼仪。

小组成员按拟定的礼仪要求为对方打分、评价。

小组成员互换角色，继续练习。

小组互相点评，教师进行总结。

任务三　前厅服务礼仪外延知识

一、我国主要客源国的习俗和礼节

俗话说："十里不同俗，百里不同风。"饭店服务接待是面向世界的工作，要做到礼貌服务，就需要了解各国、各民族的习俗和礼节，了解各国、各民族的生活习惯、宗教信仰和禁忌。饭店服务接待人员具备了这方面的知识，不仅有利于自身文化素养的提高，而且会促进民间外交工作的开展，加强与其他国家人民的友好交往。

（一）亚洲国家和地区

亚洲有40多个国家和地区。这些国家和地区历史上大多与我国有互相往来，关系密切，所以受我国古代文化影响很大，其礼节与我国的礼节有许多相近之处。

1. 日本

日本和我国隔海相望，是工业发达的多党制资本主义国家，也是目前我国旅游业最大的客源国。历史上中日两国交往频繁，日本至今还保留着浓厚的唐代礼仪、风俗，日本人的生活习惯、日常礼节与我国有着许多共同点。日本人的特点是勤劳、守信、遵守时间、工作和生活节奏快，他们重礼貌，集体荣誉感强。

日本人注重礼节，在任何场合都很注重自己的衣着。在正式场合，男子和大多数中青年妇女都着西服，男子穿西服通常都系领带。参加商务活动通常要求正装，且事先准备交换礼物和名片。现在日本人外出大多穿西服，和服是日本的传统民族服装。

日本人非常守时，与日本人约会要提前5～10分钟到达，不能失约。有事拜访应事先通知，贸然登门被视为极不礼貌的行为。日本人爱用自谦语言，礼貌用语会脱口而出，"拜托你了""请多关照"等是最常用的。同时，他们忌问"您吃饭了吗？"一类话题。与人见面善行鞠躬礼，初次见面鞠躬90度，而不一定握手，只有见到老朋友才握手，有时还拥抱。男子对女宾客，只有在她们主动先伸手时才握手，但时间不太长也不过分用力。在室外一般不作长时间谈话，只限于互致问候。日本人在公共场所遵守秩序，如不闯红灯、不超车、不占道，且在公共场合不大声讲话。

禁忌：日本忌讳绿色，认为绿色不祥。忌荷花图案。忌"9""4"等数字，因"9"在日语中发音与"苦"相同，若赠给日本人礼物件数为"9"，他们会误认为你把他当强盗；日语中"4"的发音和"死"相同，所以饭店工作人员不宜把他们安排在4号楼、4层及第4餐桌等。日本商人忌2月和8月，因为这两个月是营业淡季。他们还忌金色眼睛的猫，认为看到这种猫的人会倒霉。忌向日本妇人问其私事。在日本，"先生"一词只限于称呼教师、医生、年长者、上级或有特殊贡献的人，对一般人称"先生"会使他处于尴尬境地。

日本人有喝茶的习惯，一般喜欢喝温茶。斟茶时，他们的礼貌是以斟至八成满为最恭敬客人。饮茶时，他们喜欢主客间相互斟茶，认为这样能表示主客之间的平等与友谊。

日本人饮食上忌讳用筷子的方法，叫做"忌八筷"，即忌舔筷、迷筷、移筷、粘筷、插筷、掏筷、跨筷、剔筷。同时，忌用同一双筷子给席上所有人夹取食物。忌讳用餐过程中整理自己的衣服或用手抚摸、整理头发，认为这是不卫生和不礼貌的举止。

2．韩国

大韩民国，简称"韩国"，位于东亚朝鲜半岛南部，三面环海，西边濒临黄海，东南是朝鲜海峡，东边是日本海，北面隔着三八线非军事区与朝鲜相邻，首都为首尔。

①见面礼仪。韩国人相互见面问好的同时会伴以鞠躬礼，根据对方的身份、年龄、辈分及场合施以15度、30度、45度、90度鞠躬礼。晚辈遇到长辈、下级遇到上级时，晚辈、下级应站在一旁，让长辈、上级先行，并行45度鞠躬礼，以示敬意。遇到同辈或同事一般行30度鞠躬礼或者点头问好。

单元四 前厅服务礼仪规范

②称呼礼。称呼礼是对亲属、朋友、同志或其他有关人员使用的一种规范性礼貌用语。有职务性称呼、职称性称呼等，称呼就高不就低，无特殊情况时应称呼最高职位。同时入乡随俗，在不同的地区尊重当地的称呼习惯。

③做客礼。做客首先要遵守时间，这是对主人的尊重，如果遇到特殊情况，应提前告知主人并表示歉意，但晚到的时间不应超过 30 分钟。30 分钟是韩国人能够接受的最长迟到时间。做客时要带一些小礼物，无论送什么样的礼物，礼物的包装一定要精美，礼物以主人喜欢为原则。另外，服装要干净整洁，进入韩国人家中要脱鞋，因此一定要穿干净的袜子，袜子不干净或是有破洞会被认为没有教养。不能随意翻动主人物品或在各个房间走动。

④吃饭礼仪。韩国人崇尚儒教，特别尊重长辈。早晨起床和饭前、饭后、睡前以及外出时都要向父母长辈问安。韩国以面向门口最里面的位置为上座，左右依次排序，晚辈坐在离门近的座位上。吃饭时应先为老人或长辈盛饭上菜，老人或者长辈动筷之后，其他人才开始用餐。韩国人用餐时不大声说话，给长辈倒酒、递东西时要用双手。

⑤饮酒礼仪。中韩都是饮酒大国，有着悠久的饮酒历史，现代社会的餐桌上也少不了酒的身影。除啤酒外，韩国人最喜欢的便是本国自制的烧酒。韩国的敬酒礼仪以长辈和客人为重。碰杯时，晚辈要尽可能地降低酒杯，待长辈或客人饮完才能自己饮用。干杯后，晚辈要喝尽杯中酒，否则不能续，以示尊重长辈。

3. 泰国

泰国盛产大象，泰国人认为白象是圣物和佛的化身。

泰国人的常用礼节是行"合十"礼。朋友相见，双手合十，稍稍低头，互相问好；晚辈向长辈行礼，双手合十举过前额，长辈要回礼以表示接受对方的行礼；年纪大或地位高的人还礼时双手可不过胸；双手举得越高表示越尊敬对方。泰国人也行跪拜礼，但是仅在特定场合，如平民、贵官拜见国王及其近亲行跪拜礼，泰国人甚至国王拜见高僧时须下跪，如儿子出家当僧人，父母也要跪拜于地。

在泰国，若有尊者或长者在座，其他人应坐地蹲跪，头部不得超过尊、长者头部，否则是极大的失礼。给长者递东西必须用双手，递东西一般用右手，因为他们认为左手不洁。传递物品时不能把东西扔过去，这样做是不礼貌的行为，不得已这样做时要说"对不起"。泰国人有"重头轻脚"的讲究，认为头是智慧所在，是神圣不可侵犯的，任何人都不能触摸别人的头部，摸人的头是对他人极大的侮辱。小孩子绝不可摸大人的头。如果打了小孩子的头，他们认为孩子一定会生病。泰国人认为脚是低下的，不可以把脚对着他人，这是对他人的侮辱。

泰国人睡觉时忌讳头向西方，忌用红笔签名，因为头朝西和用红笔签名都意味着死亡。忌脚底向人和在别人面前盘足而坐，忌用脚把东西踢给别人，也忌用脚踢门。就座时，泰国人忌跷腿，妇女就座时双腿要并拢，否则会被认为无教养。

在泰国，男女仍然遵守授受不亲的戒律，故不可在泰国人面前表现出男女过于亲近。当着泰国人的面，最好不要踩门槛，因为他们认为门槛下住着神灵。

泰国有小费礼仪，是给小费的国家，小费金额视个人能力而定。

4. 菲律宾

菲律宾人热情好客，性格开朗，日常见面无论男女均行握手礼，男子之间见面有时也拍肩膀。菲律宾人的时间概念不算太强，如果你被邀请到他人家中做客，不建议你按时到达；但如果是约会，菲律宾人会按时到场。

在与菲律宾人交谈时，应避免涉及政治、宗教等敏感话题，可以问及他们的家庭情况。菲律宾人非常重视家庭，有很强的家庭观念，当你收到菲律宾人的邀请到家吃饭时，你不能对主人的母亲为你准备的食物做出不必要的负面评论，不管关系有多熟悉，都不能这样评论。菲律宾人注意尊重长辈和长者，晚辈在长者旁边坐时不能双脚分开或交叉翘起；若男子坐在女子旁边，更要规规矩矩。此外，菲律宾人有抱枕而睡的习惯。

禁忌：马来族人忌讳别人用手摸他们的头部和背部，认为触摸头部是对他们的不尊敬，触摸背部会给人带来厄运；忌用左手赠物、进餐，在他们看来，左手是不洁净的，因此在传递东西或抓取食物时应使用右手。

5. 新加坡

新加坡是由新加坡岛及其附近的小岛组成的，土地面积较小，但风景秀丽，以"花园城市"享誉世界。"新加坡"的意思是"狮子城"。新加坡的旅游事业发展很快，现在每年接待旅游者人数已超过该国总人口。新加坡的经济也很发达，在亚洲，人均国民生产总值仅次于日本。

新加坡人在礼节、礼貌方面不但与我国非常接近，而且保留了许多中国古代遗风，如两人相见时要互相作揖等，通常的见面礼是轻轻鞠躬或握手。新加

单元四 前厅服务礼仪规范

坡人对称呼也比较讲究，他们把学位、资历这些看得很重，一般会以职称为称呼。此外，敬老尊贤的品德、强烈的家庭观念和教养子女的责任感，已融入了这个国家的骨子里，这也是新加坡维护社会安定、促进社会经济腾飞的重要条件。来华的旅游者中，不少人汉语水平很高，对汉语的礼貌用语很娴熟。最受新加坡人青睐的主要是运动、旅游、传统文化及有关经济建设方面的话题。

禁忌：与新加坡人谈话，忌谈宗教与政治方面的问题，不能向他们讲"恭喜发财"的话，因为他们认为这句话有教唆别人发横财之嫌，是挑逗、煽动他人干于社会和他人有害的事。虔诚的佛教徒及印度教、伊斯兰教徒恪守他们宗教禁忌，接待时要清楚他们的宗教信仰或让他们主动提出要求，不要因不懂他们的禁忌而失礼。到新加坡人家里吃饭，可以带一束鲜花或一盒巧克力作为礼物，不要空手而去。

在新加坡入住饭店，某些场合应付小费，如搬行李、打扫房间等。

6. 印度

印度是世界四大文明古国之一，人口众多，居世界第二位。印度和我国毗邻，并有着悠久的友好关系。印度各族人民称他们的国家为"婆罗多"，梵语中的"婆罗多"是月亮的意思。在印度，月亮是一切美好事物的象征，所以他们把自己的国家称作"月亮之国"。

印度的男性相见或分别时，有时握手，有时用传统的佛教礼节——双手合十。男性不能和女性握手，在行双手合十礼或鞠躬礼时，男性不能碰女性；如系一般关系，男性和女性不能单独谈话。印度人用摇头表示赞同，用点头表示不同意。

在印度，到庙宇或印度人住宅作客时，进门要把鞋脱掉。晚辈对长辈行礼时要弯腰摸长辈的脚。妻子送丈夫出远门时的最高礼节也是摸脚跟和吻脚。迎接客人时，主人会向客人献上花环，戴在客人脖子上。花环大小视客人的身份决定：对一般客人，花环到胸；对贵宾，花环要长过膝。

禁忌：印度人把牛当作神圣之物，故特别忌讳吃牛肉和用牛皮做的东西；蛇也被看作是神圣的，故视杀蛇为触犯神灵；忌用澡盆给孩子洗澡，认为盆中之水是"死水"，用澡盆给孩子洗澡是不人道的行为；忌用左手握手、递东西和取食；忌众人在同一食盘中取食物；印度教上层人士食素戒荤，用素食制成的仿生食品也忌食。

（二）欧美国家和地区

欧洲很多国家既是旅游市场，又是旅游客源国。

美洲国家中，经济发达国家如美国、加拿大的旅游业非常发达，墨西哥和巴西等国的旅游业次之，它们都是我国的主要旅游客源国。

1. 美国

美国是一个发达国家，同时是一个很多民族的国家，所以习俗礼节各种各样，但是有一些普遍性的常用礼节与习俗。

美国人一般性格开朗，乐于与人交际，幽默诙谐，而且不拘小节。与人见面时，不一定以握手为礼，而是笑笑，说声 Hi（你好）就算有礼了；他们分别时也是挥挥手，说声"明天见"或"再见"。如果别人向他们行礼，他们也会用相应的礼节，如握手、点头、行注目礼、行吻手礼等。接吻礼只有对特别亲近的人才进行，而且只吻面颊。

接待美国人时要注意他们有晚睡晚起的习惯，但他们在与人交往时遵守时间，很少迟到，而且客套少。他们一般不送名片给别人，只是在双方想保持联系时才送。当着美国人的面如想抽烟，须先问对方是否介意。

美国人的生活习惯比较随便，言谈举止注重个性，自由开放，反对保守，喜欢猎奇。彼此喜欢以名字相称，不仅朋友、同事如此，上司和部下之间也是如此。美国人非常注重个人隐私，不能问对方经济、婚姻等问题。

此外，美国人衣着一般较随意，只有在正式的场合才讲究服饰搭配。一些年轻人穿一件 T 恤衫，一条牛仔裤，登一双旅游鞋就可以周游世界。庄重的美国妇女一般不浓妆艳抹。

美国人爱喝冰水、冰可口可乐、冰啤酒等，不喜欢喝茶。吃饭比较随意，早餐尤其简单。快餐是典型的美国餐饮文化。喜欢付小费表示谢意。

禁忌：忌"13""星期五"等；忌蝙蝠和用蝙蝠做图案的商品、包装品，认为蝙蝠是凶神的象征；忌穿睡衣迎接客人；忌一般情况下送厚礼；忌问个人财产、收入；对妇女忌问婚否、年龄；忌送香水、化妆品或衣物（可送头巾和手帕）。

2. 英国

英国也是我国的主要客源国之一。

英国人重视礼节和自我修养，追求绅士和淑女风度，他们比较注意服饰打扮，什么场合穿什么衣服都有讲究，所以也注重别人对自己是否有礼，重视行

单元四　前厅服务礼仪规范

礼时的礼节程序。"女士第一"在英国比世界其他国家都明显,接待英国女性时必须注意充分尊重她们。他们感情内敛,很少在公开场合表露自己的感情,不喜欢别人问及有关个人生活的问题,如职业、收入、婚姻等。

英国人,特别是年长的英国人,喜欢别人称呼他们的世袭头衔或荣誉头衔,至少要用先生、夫人、阁下等称呼。见面时对初次相识的人行握手礼,在公开场合,他们一般不行拥抱礼,男女在公开场合不手拉手走路。他们安排时间讲究准确,而且照章办事。入座时,一般男子坐在妇女和职位高的人左侧。女士离开和返回饭桌时,男人要站起来以示礼貌。

禁忌:英国人数字除忌"13"外,还忌"3"。忌当着英国人的面耳语;不能拍打肩背。英国人忌用人像作商品装潢;忌用大象图案,他们认为大象是蠢笨的象征。英国人讨厌孔雀,认为它是祸鸟,把孔雀开屏视为自我炫耀和吹嘘。忌送百合花,他们认为百合花意味着死亡。

3. 法国

法国是旅游资源非常丰富的国家,也是我国旅游业的主要客源国之一。与法国人会面时可由第三者介绍,也可自我介绍。自我介绍应讲清姓名、身份,或将自己的名片主动送给对方。法国是一个浪漫的国度,法国人爱好社交、诙谐幽默、善于交际。法国人在社交礼仪上非常讲究,很重视建立良好的人际关系。

法国人在社交场合与客人见面时,大多以握手为礼。一般是女子先向男子伸手,年长者先向年少者伸手,上级先向下级伸手。少女通常向妇女施屈膝礼。男子戴礼帽时,还可行脱帽礼。法国人还有男性互吻的习俗,两位男性见面,一般要当众在对方的脸颊上分别亲一下。在法国一定的社会阶层中,吻手礼也颇为流行,不过施吻手礼时,嘴不应接触到女士的手,也不能吻戴手套的手,不能在公共场合吻手,更不得吻少女的手。

法国人把对女子谦恭礼貌当作教养好坏的标准之一。"女士第一"在法国极为盛行。法国的时装、美食和艺术是有口皆碑的。

4. 俄罗斯

俄罗斯人非常注重礼节,在日常生活和待人接物中都保持着该民族特有的传统礼节。

俄罗斯人常用的问候语是"您好"。俄罗斯人认为,两人相遇时,一定要问好。在咖啡馆或饭店里用餐时,也要与同桌和先进来的人问好,然后再入座;问路时也要先问好。在俄罗斯的农村,人们至今保持着向陌生人问好的习惯。

亲吻也是俄罗斯的一种传统礼节。在隆重的场合，如国家领导人见面时，为表示尊敬和友好，会拥抱亲吻，吻对方的脸颊三次，先左后右再左。在比较隆重的场合，有时男士弯腰吻女士的右手背，表示尊重。好友相见时，妇女一般拥抱，有时亲吻，男人则只是拥抱。亲兄弟姐妹重逢或分别时，要拥抱亲吻。

逢年过节或喜庆日，俄罗斯人讲究向亲朋好友赠送礼物。礼物因人而异，但他们认为最好的礼物是鲜花。赠送鲜花时要注意，鲜花的枝数只能是奇数，因俄罗斯人认为奇数吉利，偶数不吉利，俄罗斯只有在有人去世时才送枝数为偶数的花束。常送的花为康乃馨和郁金香。

选择礼物时须注意：不要给朋友送刀，俄罗斯人认为刀会切断友谊，若要接受朋友送的刀，须象征性地给一点钱。不要送空钱包，因为空钱包被认为是一贫如洗的象征，如要送，一定要在钱包里象征性地放一点钱，意思是祝愿对方永远有钱。

俄罗斯人有尊重妇女的美德，上公共汽车、上下楼梯、走出房间时，男士要让女士先行，并为其开门，即使对不认识的女士也要如此。在剧院的衣帽间里，男士要为女士脱穿大衣，入场时为女士引路并找座位，女士不落座男士也不能入座。男女同行时，男士空手而让女士拎重物是不允许的；男士要走在女士的左侧，对她进行保护，让她处在最安全的位置。女士横穿马路时，男士要送行。俄罗斯人很注重仪表，爱干净，注意衣着整洁。

禁忌：俄罗斯人讨厌黑猫，他们认为黑猫从眼前经过，就会遇到不吉利的事情。他们忌讳"13"这个数字，厌恶"666"这个数字，因为在圣经中"666"是魔鬼的代号。俄罗斯人还忌讳在房间里吹口哨，认为会把钱吹走。他们在送亲人出远门前要静坐几分钟。在俄罗斯人看来，如有人打嗝，那是有人念叨他或在背后骂他。俄罗斯人忌讳打翻盐罐，把这看做家庭不和的预兆，如有人打翻了盐罐，就会受到责骂，发生争吵，只有将打翻的盐撒在头上才能解除争吵和不幸。

（三）大洋洲、非洲国家和地区

1. 澳大利亚

澳大利亚95%的居民是英国和其他欧洲国家移民的后裔。澳大利亚人认真爽快，喜欢直截了当，待人诚恳、热情，见面时喜欢热烈握手，称呼名字，乐于结交朋友，即使是陌生人，也一见如故。他们崇尚友善，谦逊礼让，重视公共道德，组织纪律强。女性比较保守，接触时要谨慎。到澳大利亚人家中做客

单元四　前厅服务礼仪规范

可以赠送葡萄酒和鲜花。由于澳大利亚同时生活着很多民族，因此在礼节方面有很强的包容性，且多姿多彩。

澳大利亚人很讲究礼貌，在公共场合从来不大声喧哗。在银行、邮局、公共汽车站等公共场所，都是耐心等待，秩序井然。握手是一种相互打招呼的方式，拥抱亲吻的情况罕见。澳大利亚同英国一样有"女士优先"的习惯。他们非常注重公共场所的仪表，男子大多数不留胡须，出席正式场合时西装革履，女性则着西服上衣和西服裙。澳大利亚人的时间观念很强，约会必须事先联系并准时赴约。最合适的拜访礼物是给女主人带上一束鲜花，也可以给男主人送上一瓶葡萄酒。澳大利亚人待人接物都很随和。

澳大利亚人的饮食习惯、口味和英国人差不多。菜较清淡、不吃辣。爱吃各种煎蛋、炒蛋、冷盘、火腿、虾、鱼、西红柿等。西餐喜欢吃奶油烤鱼、炸大虾、什锦拼盘、烤西红柿等。他们对中国菜也颇感兴趣。

澳大利亚人普遍喜欢和他人交往，他们质朴、开朗、热情，在公共场合爱和陌生人打招呼、聊天，也喜欢邀请朋友到家里来做客。邀请友人一同外出游玩时，如果拒绝，会被他们理解成不给面子。基督教徒有周日做礼拜的习惯，他们的这种习俗雷打不动，所以要避免在这天和他们邀约。在澳大利亚人眼里，兔子是一种不吉利的动物，他们认为，碰到兔子可能是厄运将临的预兆。

2. 新西兰

新西兰人性格比较拘谨，见面和告别均行握手礼。在与女士交往中，女方先伸出手，男方才能相握。初次见面，身份相同的人互相称呼姓氏，并加上"先生""夫人""小姐"等，熟识之后，互相直呼其名。新西兰人男女之间的交往注重礼貌，尊重女性。他们崇尚平等，平民可要求高级官员接见，上级对下级态度友好诚恳。新西兰人时间观念较强，约会须事先商定并准时赴约，客人可以提前几分钟到达，以示对主人的尊敬。交谈以气候、体育运动、旅游等为话题，避免谈及个人私事、宗教、种族等问题。新西兰人特别喜欢橄榄球和板球。会客一般在办公室里进行。应邀到新西兰人家里作客时，可送给男主人一盒巧克力或一瓶威士忌，送给女主人一束鲜花，礼物不可过多，不可昂贵。

新西兰人习惯的握手方式为：紧紧握手，目光直接接触，男士应等候妇女先伸出手来。

当地大部分居民是英国人的后裔，因此，这里流传的是许多英国习俗；他们对大声喧嚷和过分地装腔作势是不满的，当众嚼口香糖或用牙签被认为是不文明的行为。

新西兰人采用欧洲大陆式的用餐方式，即始终左手握叉、右手拿刀。打哈欠的时候，务必要捂住嘴。给别人拍照，特别是给毛利人拍照时，一定要事先征求同意。

新西兰人说话声音很轻。街上遇见朋友，老远就要挥手致意。他们不喜欢用V字手势表示胜利。与新西兰人交谈时，有关体育运动的话题最受欢迎，要避免个人隐私的话题。在新西兰，商人第一次见面或进行业务会谈时，一般不互送礼品，但可以在生意谈成后宴请对方以表谢意。

3. 埃及

埃及人受历史、宗教等因素的影响，形成了独特的生活习惯。晚餐在日落以后和家人一起共享，在这段时间内，请人家来谈生意是失礼的。按照埃及的商务礼俗，宜随时穿着保守式样西装，拜访须先订约会。埃及人很勤劳，若到乡间田园，可以看到汗如雨下、默默耕耘的农民。他们认为，在大地上朴素地生活的那些人，才是埃及人的真正形象。

埃及人认为"右比左好"，右是吉祥的，做事要从右手和右脚开始，握手、用餐、递送东西必须用右手，穿衣先穿右袖，穿鞋先穿右脚，进入家门和清真寺先迈右脚。

二、国际礼宾常识

国际礼宾是在国际交往中体现出的一种文明、优雅和尊重的态度，是包括外交礼仪、官方礼仪、商务礼仪等在内的一种综合性礼仪体系，是以各种国际间的交际活动来具体体现的。在国际上，良好的礼仪规范能够展现企业或国家的实力及文化底蕴，有助于建立良好的国际关系，打造国际化的品牌形象，提升合作的成功率，从而对促进国际交往、贸易以及政治关系产生重要的作用。

在国际交往中，礼宾工作是一项很重要的工作。一般来说，交际活动在国际上都有一定的惯例，如接待准备、迎送、会见、会谈、宴请、文艺晚会、参观游览、签字仪式，等等。从事涉外旅游服务接待工作的人员应该熟悉了解这方面的基本常识，在工作中以高度的政治责任感、熟练的业务知识和严谨的工作作风来完成每一项服务接待任务，为国家赢得声誉，所以，国际礼宾的重要性不容忽视。

单元四 前厅服务礼仪规范

（一）维护自身和国家形象

国家形象对于外事人员而言非常重要，维护伟大祖国的形象，在任何时间、任何地点、任何情况下，都是第一位的，也是最基本的要求。我们必须意识到，在他国人民眼里，我们代表的是自己的国家、自己的民族。饭店服务人员要做到不卑不亢、尊重国际惯例、注重信誉。个人形象方面，仪容仪表要合乎礼仪规范，举止优雅大方，风度翩翩。

（二）接待准备

外宾来访可分官方来访和民间来访两种，接待准备工作主要由外事部门负责主持、联系和安排。民间性质的来访有时也由对口的业务部门直接负责。接待准备方面的工作大致包括以下几个方面。

1. 明确任务

为了做好接待工作，需事先了解对方的来访目的与要求，可以索取必要的资料了解来访人员情况。当接到会见的任务通知后，首先需要了解会见的时间、地点，前来的路线与交通工具、首长和外宾出行的路线，参加会见的总人数，有哪些首长出面，以及来访人员的姓名、身份、性别、年龄、生活习惯、宗教信仰、饮食爱好与禁忌等。

还需了解布置形式上有何要求，如是否安排合影，以及招待规格、标准、主办单位和联系人对会见的具体要求等。这些都是安排接待服务规格和确定各项礼仪活动的重要依据。

2. 拟定接待方案

接待方案主要是确定接待规格和主要活动安排日程。接待规格的高低通常是根据来访者的身份、愿望、两国关系等来决定的，并由此来安排礼仪活动多少、礼仪规模大小、礼仪隆重程度以及由哪些领导人出面等。为了确保接待方案圆满实施，主管部门对每一项礼宾活动都要制订周密的计划，精心安排，定目的、定要求、定内容、定时间、定地点、定单位和定人员，每一项都要做好分工和明确责任。

3. 做好各项接待准备

每一项礼宾活动之前都必须检查落实迎送车辆、下榻宾馆的住房分配、会见和会谈场所的布置、座席安排、参观游览项目的选定和安全保卫工作的准备等，这样有助于更好地建立国际合作关系，促进跨越文化差异的成功。

根据外事工作的特点和要求，接待准备工作中有以下几点重要内容。

（1）一般来说，各种外事活动国际上都有一定惯例，但各国往往根据本国的特点和风俗习惯，形成了自己独特的做法。对参加接待服务的人员，要进行严格的考察并按不同的工作岗位进行必要的培训和操练，避免产生误解和不满，甚至导致合作破裂。

（2）根据已确定的礼宾规格及参加会见人数的多少布置会议厅。准备好所需物品，如茶具、文具、服务用具等。数量要有一定的富余，做到有备无患。会见用的毛巾，洗净后要放在蒸箱内高温消毒，使用时喷洒适量香水。

（3）对会见、会谈和宴请要定地点、定时间、定人员、定座次、定程序，以及确定宴请的菜单。宴会上使用的食品、饮料要专人把关，各种茶具、冷饮用具、牛奶咖啡用具、餐具等要严格消毒、烫洗，达到卫生安全标准，然后封存起来，严格化验、专人负责，确保安全。以上各项准备工作要在会见前一小时准备就绪。

（4）落实安全保卫工作，制定周密的警卫方案。要掌握好参加服务接待人员思想行为的动态，严格按照有关规定控制通信设备和出入人员。对使用的车辆、途经的道路和会见、会谈、宴请场所要反复、全面、仔细地检查，不得发生任何疏忽或差错。

（5）安排布置好来访者的下榻处和迎送车辆。外国国家元首或政府首脑通常在国家宾馆下榻，整个代表团的住房分配可先由东道主根据来访者的身份地位作统一安排，征求对方意见后实施。有时也可把下榻处的建筑平面图交对方，由其自行安排。车辆安排是根据来宾身份地位和随行人员多少来确定的。对于外国国家元首、政府首脑，通常要安排开道车和摩托车队护行，并在所乘坐车辆的右前方插上该国国旗，随行人员的座次要按礼宾顺序来安排。

对于大型代表团的随行人员，可安排其乘坐大轿车，对重要的外国代表团，也可派开道车，以表重视和接待规格。接待准备工作除了要有物质准备外，还要重视所有参加接待服务的人员的思想教育工作。只有各部门都明确任务，严守纪律，全力以赴，认真负责，密切配合，才能脚踏实地完成每一个环节的任务。

（三）迎送宾客

在不断发展的国际市场上，各国之间的交往越来越频繁，了解和运用国际礼宾也变得越来越重要。在外交活动中，礼仪是一个切入点，也往往会对整个活动的达成产生重要影响。迎送宾客是国际交往中的一种社交礼节，对外国来

单元四 前厅服务礼仪规范

访者,通常是依据其身份、地位和访问性质以及两国关系等因素,确定相应的迎送活动和礼仪规格。

对于外国国家元首、政府首脑的正式访问,习惯上都要举行隆重的迎送仪式。对军方领导人的访问,也举行一定的迎送仪式,如安排检阅仪仗队等。对于应邀前来访问的官方、民间的团体或人士,在他们抵离时,则应安排有关部门身份相应的人员前往机场、车站或者码头迎送。

1. 确定迎送规格

确定对来宾的迎送规格,主要依据是来访者的身份和访问目的,同时适当考虑两国关系,注意国际惯例,综合平衡。迎送人一般要与来宾的身份相当,如遇当事人不在当地或临时身体不适,可以灵活变通,由职位相当的人士,或由副职出面代表。当事人不能亲自出面时要注意适当解释。

一般情况下迎送的人员不宜过多,但也可从发展两党、两国、两军关或当前政治需要出发,破格安排较大的迎送场面。大多情况下,为了避免造成厚此薄彼的印象,除非特殊情况,通常按惯例安排。

2. 掌握抵达和离开的时间

负责接待的有关人员必须及时、准确地了解来宾乘坐的飞机、火车或者轮船抵离的时间,以便及早通知有关单位、部门和全体迎送人员,如有变化,应及时通报。受天气变化等意外原因的影响,飞机、火车、轮船都有可能不准时。有时城市机场离市区较远,为了顺利接送来宾,且不过多耽误迎送人员的时间,应尽量准确掌握来宾抵离的时间。迎接人员须在来宾乘坐的飞机、火车、轮船抵达之前到达机场、车站、码头迎候。欢送时则须在宾客登机、上车、上船前到达指定的地点等候。如有欢送仪式,相关人员应在仪式开始之前到达,并做好一切准备工作。如果宾客乘坐班机离开,应事前通知其按航空公司规定时间抵达机场办理有关手续。对于身份高的外宾,可由接待人员提前前往代办手续。

3. 献花与介绍

为了对宾客表示热烈欢迎,常由儿童或青年女性在参加迎送的主要领导人与宾客握手之后为宾客献上色彩鲜艳的鲜花花束,但是要注意不能选用菊花、石竹、杜鹃或黄色的花朵。宾主见面握手之后要作互相介绍,一般是由礼宾交际人员将前来欢迎的人员介绍给来宾,也可由欢迎人员中身份最高者作介绍。来宾初到一般比较拘谨,主人宜主动与来宾寒暄。

4. 陪车工作

来宾抵达后，从机场到下榻处，以及访问结束从下榻处到机场，可安排主人陪同乘车。如果主人陪同乘坐，应请来宾坐在主人的右侧。如果是乘坐二排座位的轿车，译员应坐在司机旁边；如果是三排座位，译员应坐主人前面的加座上。上车时，要请来宾从右侧门先上，主人走到左侧门再上，车门应由接待工作人员关上。

5. 一般来宾的迎接

迎接一般来宾，往往不举行大型、隆重的仪式。如来宾是熟人，则不必介绍，仅上前握手，互致问候；如果来宾是首次来访，且不相识，接待人员应该主动上前作自我介绍；如果迎接旅游团体，可事先准备一块上面写有该团体名称的牌子，以便来宾看到前来接洽。

6. 迎送工作中的几项具体事务

在国际交往中，文化多样性和国际礼仪的重要性不言而喻。因此，服务人员应该注重在日常生活和业务活动中培养国际礼仪技能和意识。迎送工作中以下几项具体事务是接待服务人员应该多加关心的。

（1）迎送身份高的来宾，应事先在机场（车站、码头）安排贵宾休息室，并准备饮料。

（2）安排汽车，预订住房。如果条件许可，最好在来宾抵达前将住房和乘车号码通知来宾；如果条件不允许，可印好住房卡、乘车表，在来宾到达时，及时分发到每个相关人员手中，或通过对方的联络人员转交。

（3）指派专人协助办理出境手续及机票（车、船票）和行李提取或托运手续等事宜。一般来说，重要代表团的人数多，行李物品也多，这时应请对方派人配合，首先安排把主要来宾的行李取出，及时送往住处，以便主宾更衣等，避免影响随后的活动。

（4）来宾抵达下榻处后，一般不宜马上安排活动，应让他们稍作休息，消除旅途疲劳。因此，服务人员的安排要保证留有足够的时间让来宾们休息更衣。

（5）作为接见一方的安排者，应主动将会见（会谈）的时间、地点、主方出席人、其他具体安排及有关注意事项通知对方。作为前往会见一方的被安排者，则应主动向对方了解上述情况，并通知有关的出席人员。

单元四 前厅服务礼仪规范

（6）准确掌握会见、会谈的时间、地点和双方参加人员的名单，及早通知有关人员和有关单位作好必要安排。主人应提前到达会见处。

（7）会见、会谈场所应安排足够的座位。如双方人数较多，厅室面积大，主谈人说话声音低，则需安装扩音器。会谈需事先安排好座位图，现场放置中外文座位卡，卡片上的字应工整、清晰。

（8）如有合影，应事先安排好合影人员的位置图，人数多时还应准备阶梯架。合影时，主人和主宾居中，按礼宾次序，主、宾双方间隔排列。第一排的人员安排既要考虑人员身份，也要考虑场地大小，即能否都摄入镜头。一般来说，两端均由主方人员把边。

（9）重要领导人之间的会见或是会谈，除陪见人和必要的译员、记录员外，其他工作人员均应在安排就绪后退出。如允许记者来访，也只能在正式谈话开始前采访几分钟，然后全部离开。会见、会谈的过程中，旁人不得随意进出。

（10）客人来访后，一般应予回访。如果客人为祝贺生日、节日等喜庆日来访，则不必专门回访，而可在对方节日、生日时前往，表示祝贺。

（四）宴请的基本形式

宴请是国际交往中最常见的交际活动形式之一。各国宴请都有自己国家或民族的特点和习惯。国际通用的宴请形式有宴会、招待会、茶会、工作进餐等。举办宴请活动采用何种形式，主要是由宴请活动的目的、规格、邀请的对象和经费等因素共同决定的。通常的做法是：正式的、高级别的、小范围的宴请以举办宴会为宜，人数多时适当采用冷餐会或酒会，妇女活动多用茶会形式。

1. 宴会

宴会是正餐，出席者按主人安排的席位入座进餐，服务员按专门设计的菜单依次上菜。宴会分为国宴、正式宴会、便宴、家宴等；从时间上又有晚宴、午宴、早宴之分。一般来说，多数正式宴会都安排在晚上举行，其招待规格和气氛要比白天举行的宴会更为隆重。

（1）国宴。

这是国家元首或政府首脑为国家的庆典，或为欢迎来访的外国国家元首、政府首脑而举行的一种正式宴会，其规格是宴会中最高的。举行国宴的宴会厅内要悬挂宾、主两国国旗，乐队要演奏两国国歌和席间乐，宴会过程中有致辞、祝酒。

（2）正式宴会。

正式宴会安排上与国宴大致相同，但不用悬挂国旗和奏国歌，宴席的规格也不同。宾、主均按餐桌上写有姓名的席卡入座。正式宴会也有一定的排场，出席者须讲究礼仪、仪容和仪态。正式宴会的场地布置、使用的餐具、食品饮料的选择、菜肴的设计和服务人员的服饰均有一定规格和要求。具体安排上，中西宴会有所不同，各具特色。在这方面，我国已作了改革，宴会氛围隆重热烈，但不铺张浪费，注重实效。

（3）便宴。

便宴又称非正式宴会。这种宴会形式简便，可不安排正式讲话，菜肴道数比正式宴会可酌减，气氛也较随意、亲切。除晚上，便宴也可在中午和早上举行。

（4）家宴。

这是指主人在自己家中招待客人。家宴的气氛比较随便。客人一到，主人主动上前握手问候。餐后告别，通常是男宾与男主人告别，女宾与女主人告别，然后交叉，再与家庭其他成员握手告别。家宴往往由主人亲自下厨掌勺，烹调自家的拿手菜，同家人一起款待客人。

2. 招待会

招待会是一些不备正餐的宴请形式，但会备有食品饮料。招待会往往不安排固定的席位，宾、主活动不拘泥形式。

（1）冷餐会。

这种宴会形式的特点是不排席位，菜肴以冷食为主，也可冷、热兼备，餐桌上同时陈设各种餐具，供宾、主自取。宾、主可自由活动，多次取食，可边谈边用餐。冷餐会上供应的酒水一般单独集中一处，宾、主自己上前选用即可，也可由服务员用托盘送上。举行冷餐会的地点可在室内，也可在室外花园；可不设座椅，站立用餐，也可设少量小桌、椅子让需要者入座。冷餐会的举办时间通常在中午十二时至下午二时、下午五时至七时，这种宴请形式最适宜招待参与人数众多的宾客。

（2）酒会。

这种招待会形式比较活泼，出席者可以广泛、随意交谈，酒会的主要准备为酒水，也会略备小吃。一般不设座椅，仅设置小桌供宾、主安放酒杯、盘碟。酒会的举办时间比较灵活、中午、下午、晚上均可，客人到达和退席时间不受限

单元四 前厅服务礼仪规范

制。近年来，国际大型活动越来越多采用酒会的形式。在重大的外事活动、经贸会议、节日庆典、文体演出等前后可举办酒会招待客人。

3. 茶会

茶会是一种简便的招待形式，举行的时间一般在下午四时左右，设在客厅内，需设置座椅和茶几。如果是为某贵宾举行的茶会，应有意识地安排主宾同主人坐在一起，其他出席者随意就座。茶会，顾名思义是请客人品茶，因此要选用好的茶叶和茶具。茶叶种类很多，用哪一种茶主要根据客人的习惯来定，茶具用陶瓷盖杯为宜。外国人一般用红茶，可略备点心和地方风味小吃，亦有不用茶而用咖啡的。

4. 工作进餐

工作进餐可分为工作早餐、工作午餐、工作晚餐三种，这是现代国际交往中常用的一种非正式宴请形式。它便于边吃边谈，省时简便。如果是代表团，双边工作进餐需使用长桌，并按会谈席顺序入座，以便交谈。此类活动一般只请与工作有关的人员，不请配偶。

举行宴请活动首先要确定宴请的时间、地点，主动回避对方的重大节假日、已有重要活动的时间或禁忌日。然后，发出邀请和请柬，这既是礼节礼貌的需要，也可起到提醒、备忘之用。如通过口头或电话约定便宴，则不一定再发请柬。请柬一般在宴请前一二周内发出，以便对方及早做安排。宴请要制定相应的菜单，菜肴与酒水主要以主宾的喜厌而定，同时要注意尊重对方的民族饮食习惯和宗教信仰。安排好席位后再按要求布置宴请场地。场地应宽敞整洁、空气流通好、庄重大方、设备齐全、鲜花点缀、布局合理。这是最基本的几点要求。

（五）宴请的程序

通常情况下，宴请的程序如下。

主人在宴会厅门口迎候贵宾。官方宴请时，除主人外，还应有其他有关官员陪同主人夫妇在旁排列成行迎宾。客人陆续到达，均由有关接待人员引进休息厅，如无休息厅则直接进入宴会厅，但暂不入座。

休息厅内安排有相应身份的人员照料客人，服务员送上饮料。

主宾到达后，由主人陪同进入休息厅与其他客人见面，如还有客人尚未到，其他官员代表主人继续在门口迎候。

当主人陪同主宾进入宴会厅时，全体客人就座，宴会即开始。如休息厅小，宴会规模大，也可请主桌以外的客人先入座，主桌上的贵宾最后入席。

如果主人和主宾要发表讲话，一般安排在热菜之后甜食之前。先由主人致辞，然后主宾讲话。双方讲话有时也安排在参与者一入席时进行。

菜单上的最后一道用毕，主人与主宾起立，即表示宴会结束。

一般来说，正式宴会上吃完水果，主人与主宾起立，宴会即告结束。西方的习惯是上完咖啡或茶客人即可开始告辞。主宾告辞时，主人送主宾到门口，按原迎宾人员顺序送客。

（六）宴请服务接待工作的基本环节

参加各种宴请服务接待工作的服务人员，必须接受过严格、正规的专业训练，他们不仅应具备熟练的操作技术，讲究礼节礼貌，注意仪容仪表，而且应该熟悉并掌握服务接待工作的基本环节。

（1）做好宴会开始前的准备工作。

接到任务后，应根据宴会预订单，了解清楚宴会的名称、时间、规格、标准、餐别、人数、来宾国籍以及来宾与民族、宗教信仰有关的生活特点及特殊要求。研究策划做好服务接待工作的具体方法和注意事项，并形成文件下发给相关部门人员。

布置场地时，应对设备用具做一次仔细检查，确定台椅是否齐全牢固，灯具是否完好，门窗关启是否灵活，窗帘有无破损，以及测试音响效果等。发现问题应即时报修调换。然后摆上花草，美化环境，并根据场地的大小、特点、餐别和人数，调整好台椅的布局。此外，还要把会客室、休息厅、衣帽间整理好。

（2）熟悉菜单和主要菜点的风味特色，做好上菜、分菜和回答来宾关于菜点问题的准备工作。

将宴会中需要的餐具、酒水、调味品备齐备足。根据不同的宴请要求和宴请人数准备足够数量的饮料、调料、水果、干果等，赠送客人的小礼品应整齐摆放在规定位置，各种饮料要冷藏，白葡萄酒要用冰筒盛装，白兰地、威士忌应备好冰桶和冰块，加饭酒要准备暖壶和加饭酒酒杯。

做好餐具的清洁工作，搞好个人卫生。将领来的餐具逐项检查，确保清洁、光亮、无缺口；准备足够数量的小毛巾，叠好放毛巾柜中备用。

根据餐别，按规格布置餐具和餐桌上的其他用品。在宾、主入席前5～10分钟左右端上冷盘，斟好酒。

（3）宾、主抵达前的迎接工作。

服务接待人员应在宾、主到达前，根据各自的分工，按规范站在指定位置上，热情恭候客人的光临。对待客人要亲切细心，面带笑容，语言柔和，用语规范。

单元四 前厅服务礼仪规范

帮助来宾脱去衣帽后,将其引入休息室、会客室或直接陪同进入宴会厅。脱衣帽时要尽可能记住衣帽是哪位贵宾的,以便宴会结束后能准确为客人递接。

负责保管来宾衣帽的服务员要集中注意力,防止差错。接挂衣服时应拿衣领,切勿倒提,防止衣袋的物品倒出。挂衣服时要整齐,避免衣服出现挂痕及褶皱。

客人进入会客室后,应根据客人的不同习惯,热情地送茶、递毛巾。

当客人入厅走近座位时,服务员应面带笑容,双手扶住椅子靠背,右腿抵住椅背,双手拉开座椅引请客人入座,客人在座椅前站好后,慢慢地将座椅推回原位,使客人坐稳、坐好。引宾入座,要按先女宾后男宾、先主宾后其他的顺序进行。拉椅让座动作以客人速度为宜,且无声音。

(4)宾、主入座后的服务工作。

为宾客倒饮料时,如不方便说话,应微笑示意宾客选择,再依次斟倒。开席时,将主宾、主人的餐巾从水杯中或盘中取出,为他们依次递铺餐巾。席间,要严格按照中、西餐操作程序和方法上菜、分菜、分汤、斟酒,要特别注意照顾好主宾和主人。

(5)宴会结束后的服务工作。

客人餐毕起身,应先为主宾、主人拉开椅子,以方便其行走。应根据情况目送或引领客人到宴会厅门口。如客人餐后要在会客室休息,要根据实际需要及时端送茶水、水果、餐后酒。

客人离别时,衣帽间服务员应及时、准确地将衣帽取递给客人,并热情地帮助穿戴。按先女后男、先宾后主的程序原则服务。

客人离开时,要注意检查客人是否有遗留物品,如有发现,应即时送给客人。此外,在整个宴会过程中,服务接待人员要自觉做到不吃东西、不抽烟、不饮酒,工作前不吃葱、蒜等有口气的食物。在一旁侍立时,姿势要端正,精神要专注,随时准备为客人服务。多人侍立,要有序站立,美观整齐。正式宴请中,主人或客人发表讲话时,要保持肃静,停止上菜、斟酒等所有工作,不得发出任何声响。奏国歌时应肃立,停止走动。在宴会厅内走动时,脚步要轻、稳、利落,严格遵循"走路轻、操作轻、说话轻"的"三轻"原则。如果有客人不慎打翻酒水、掉落餐具等,不要惊慌,要马上处理,为客人重新换上餐具、物品,并将地面擦拭干净。

总之,在招待礼宾的工作中,要全面、周到、细致、慎重地考虑各方面的因素,才能恰当地做好这一工作,避免不必要的误解或麻烦。

三、赠礼、受礼礼仪

（一）赠礼礼仪

1. 赠礼的原则

礼物轻重要得当。

礼品已经成为建立良好沟通渠道的媒介，恰当的礼物能充分表达敬意和友情。一般来讲，礼物的价值应该适中，既不过于廉价也不宜过于昂贵：过于廉价的礼物可能会被认为不尊重对方；礼物太贵重，又会使受礼者有受贿之嫌，对上级、同事赠礼时更应注意。因此，礼物的轻重选择应以对方能够愉快接受为宜。

饭店可以在节日或客人的生日、结婚纪念日时送纪念小礼物以示尊重。

2. 送礼时间要适宜

送礼时间很有讲究，过于频繁或间隔时间过长都不合适。一般来说，以重要节日、喜庆、寿诞送礼为宜，这样既不显得唐突虚套，又能使受礼者心安理得，达到两全其美的效果。此外，适当的送礼间隔可以避免给对方带来心理负担。

3. 个性化原则

送礼应考虑对方的喜好和需求，避免盲目攀比或跟风。个性化的礼物更能体现送礼人的用心和真诚。赠礼前应了解受礼者的身份、爱好、民族习惯，以免对对方有失尊重，影响双方的友好关系。例如，不要给中国人送钟，因为"钟"与"终"谐音，让人觉得不吉利；在英国，受礼者不喜欢有送礼人公司标记的礼品。

4. 礼品要有意义

任何礼物都表示着送礼人的特有心意，或酬谢，或感情沟通等，所以，最好的礼品应该是根据对方兴趣爱好选择的富有意义的礼品，力求别出心裁、不落俗套。

5. 礼品包装精美

精美的包装是对他人的尊重。国外送礼时，非常讲究礼品包装，即使很普通的礼品也要包装精美。精美不一定昂贵，而是用心设计的给客人被重视的感受。

6. 赠礼的场合

选择赠礼的场合时，同样要考虑对方所在国家或地区的风俗习惯。

单元四　前厅服务礼仪规范

7. 还礼的时间

还礼的时间切勿过早，也不要太迟。过早会让人以为是"等价交换"，影响感情；如果拖延太久，也会被误解。一般来说，还礼的时间与赠礼的时间一样，选在节庆日或对方正好有祝贺的日子为宜。

（二）受礼礼仪

有的饭店明确规定不允许员工接受客人的小费和礼物。如果饭店没有类似的规章才可以收受。受礼者接受礼物时，应注意以下礼仪。

1. 赞美致谢

在各种交往活动中，当接受宾朋的礼品时，应恭敬有礼地双手接过，并握手致谢，适当赞美。许多欧美人喜欢别人接受礼品时打开包装亲眼欣赏并赞美一番，以表示对赠礼者的尊重。

2. 及时反馈

收到赠礼者寄来的或派人送来的礼品时，应及时反馈，以表谢意。

3. 回赠礼仪

礼尚往来是人之常情，但要把握分寸、把握时机，千万不能因送礼、还礼而受累。

🎧 课后任务

1. 接待日本客人要注意些什么？
2. 韩国人有哪些禁忌？
3. 泰国人的习俗及禁忌有哪些？
4. 印度人的习俗有哪些？
5. 接待欧美客人分别应注意什么？
6. 接待俄罗斯客人应注意什么？
7. 在国际交往中，迎送的礼节有哪些？
8. 参加宴请活动要注意哪些礼节？
9. 赠礼礼节有哪些？

技能实训

1. 模拟国际交往中各种场合与情景,练习迎送工作中的各种礼节。

2. 通过资料调研,掌握我国各个主要客源国的习俗尤其是禁忌有哪些,以便将来在工作中应用。

单元五　客房服务礼仪规范

学习目标

1. 掌握客房优质服务的要求。
2. 掌握客房礼貌服务的基本要求。
3. 掌握客房服务周到主动的礼仪要求。
4. 掌握客房服务的礼仪规范程序。

任务一　认知客房优质服务内容

客房是住店宾客的主要休息场所，是饭店的主体，承担着宾客大部分的日常生活服务，是饭店存在的基础。因此，在很大程度上，饭店的声誉取决于客房服务的水平和质量。客房服务员的服务礼仪主要表现在以下几个方面。

一、迎送宾客礼仪规范

（1）及时做好迎接准备，要求仪容仪表端庄、服饰干净整洁。接到总台接待客人的任务后，以标准站姿立在梯口，微笑亲切问候："女士（先生）您好！欢迎光临！"语调要亲切柔和，感情要诚挚，并配以规范迎宾手势，30度鞠躬。服务人员发自内心的微笑，会使客人忘掉旅途的劳累，温柔体贴的话语会使客人有宾至如归之感。

送客

（2）优质的服务是标准化和规范化的结合。节假日迎宾时，应对每一位客人特别问候"新年好！欢迎光临""国庆节快乐，欢迎您的到来"等；对新婚度蜜月的宾客，要表达祝福："欢迎下榻本店，十分荣幸能为你们服务，衷心祝愿你们新婚愉快！"。

（3）遇到客人正在和他人交谈或者正在打电话时，可以用肢体语言表示问候、欢迎或视情况进行语言简化且不失礼貌的热情问候。

（4）主动上前帮助提携行李物品，客人的手包除外。如果客人执意自己拿，要尊重客人意愿，并进行其他服务。

（5）对于老、幼、病、残、孕客人，应及时搀扶，给予关心和帮助，如果客人不需要帮助，以尊重客人意愿为准。

（6）走在客人左前方一米左右，随时关注客人，以客人的行走节奏为准，把客人引领到预订的客房门口，按进门规范开门后，礼貌地请客人首先步入房间。

（7）宾客离店时，服务人员要怀有感激之情，语气真诚、语调关切、笑容真挚地与客人道别："一路平安，欢迎您再次光临。"

（8）送客至电梯口，代客人按梯，客人进梯，躬身告别，待梯门关闭，再转身离去。

拓展阅读

赞美、欣赏客人

每个人的内心深处最深切的渴望是得到别人的赞美。　　——林肯

我可以凭着别人的赞赏愉快地生活两到三个月。　　——马克·吐温

发现别人的优点，实际上就等于肯定自我，说明你谦虚好学。

——乔治·梅奥

良好沟通的先决条件是和谐的气氛，赞美他人，会让客人产生喜悦之情，为进一步服务沟通奠定良好的基础。

金牌服务员一定要"学会赞美"，这就需要其具有良好的观察能力，及时发现客人的"亮"点，用真诚的语言把赞美送到客人心里。与人良好的沟通，及时赞美客人，一方面给客人产生欣喜的心理感受，达到优质服务的目的；另一方面，客人会更理解、包容服务人员的工作，达成和谐的客服关系，让客人认可该饭店，给饭店带来良好的社会声誉，进而有利于饭店的发展。

赞美要发自内心，就要体现个性化。如对于比较张扬的年轻女性客人，可就服装、身材进行赞美。对知识女性，可赞美优雅、知性，也可就具体事件及时赞美，如"您反应真快""您知识真渊博，我和您学到了很多"等。

单元五 客房服务礼仪规范

二、主动、热情、周到、细致

（1）宾客进入客房后，要根据饭店要求随时送上茶水、毛巾、水果。端茶送水要根据时令和宾客的生活习惯。提供此项服务时勿忘使用托盘和毛巾夹钳，讲究卫生。

（2）对于不太了解如何使用房间设备的宾客，要及时、有礼貌地做详细介绍，对房间冰箱里的饮料是否收费供应等问题，要委婉地交代清楚，不得有嫌弃客人的表情及语言。

（3）在房间对客服务时，要保持0.5～1米的距离，保持房门开着的状态。

（4）简单介绍饭店的各项设施，如各式餐厅、酒吧、康乐服务等，以便在客人有需求时提供服务。客人有详细了解的意向时，要做具体介绍；否则要语言简练，介绍完毕后快速退出房间，以免打扰客人休息。退出时，要后退一步，鞠躬并说"祝您住店愉快""晚安""有什么需要的您吩咐我"等，再告辞转身离开。

（5）如果客人提出一些饭店无法满足的要求，要耐心解释并尽最大努力给客人满意的答复，语气要委婉柔和，态度要诚恳真挚，要有同理心。

（6）对于在房内用餐的客人，要及时按宾客的要求通知餐饮部，膳食送入房内时要轻拿轻放，并问清客人收餐时间，或在1个小时后到客房收餐。

（7）宾客提出房内设备坏了需要修理时，应立即与维修部门联系，及时解决。如果不能及时解决，应征求客人意见，是否可以调换房间，并对为客人带来麻烦致歉，可以适时提供免费的擦鞋等服务作为补偿。

（8）宾客提出的一切正当需求，要尽快满足，不要拖延，如为宾客洗烫衣物不遗忘、不耽搁收取的时间，不搞错，不弄脏。

（9）积极主动，自觉把服务工作做在客人提出要求之前，尤其要对儿童和女性客人给予特殊关注和细心服务，提高客人的满意度。

（10）客人房间任何一点细小的变化和摆设都可能是服务员发现客人生活习惯的载体，根据客人生活习惯提供个性化服务会让客人感受到不一般的惊喜。服务人员应通过客人历史档案和日常服务中的观察，了解客人生活习惯，主动为客人提供个性化服务，让客人求尊重的需求得到最大的满足。

三、语言规范，诚意服务

（1）无论任何场合，见到客人都要主动问好，体现对客人的热情、真诚及服务意识。

（2）与客人交谈要"您好""请"字当先，表示感谢说"谢谢您"，不能口语化说"谢谢"，要将"打扰您了""对不起"挂在嘴边。

（3）如有事向客人说明，说话时要注意语气、语调、音量，不得用不耐烦、命令式语气。

（4）工作中出现差错时，要主动、诚恳地道歉，并主动承担后果。不得强词夺理，推卸责任。

（5）对于客人的投诉，首先要真诚道歉，并带着同理心认真、耐心地倾听，然后根据具体情况予以解决。

🎧 课后作业

客房服务人员在对客服务过程中怎样做到优质服务？

💡 技能实训

将客房优质服务的环节写成标签，学生分成若干小组，以小组为单位进行抽签。学生根据抽到的服务环节自行设计场景进行模拟练习，练习要体现主题。练习完毕，学生点评，教师进行总结，评出最佳优质服务组。

任务二　客房服务人员礼节礼貌要求

一、仪表整洁，举止大方

（1）按店纪、店规要求整理仪容仪表，衣冠整洁，举止端庄。

（2）讲究个人卫生，勤洗澡，不能有异味。

（3）香水气味要清淡或者不用香水。

（4）不吃影响口气的食物。

（5）化淡妆，不佩戴首饰（结婚戒指除外）。

（6）举止文雅大方，对客人用规范的手势动作，规范作业。

（7）语言、举止都要尊重不同国家、不同民族的风俗习惯、宗教信仰和忌讳。

单元五 客房服务礼仪规范

二、服务规范

（1）敲门前先看客房是否挂有"请勿打扰"的牌子，当客房门上挂着"请勿打扰"牌子时，绝对不要擅自闯入。如果"请勿打扰"牌子到了指定时间（上午11时、下午2时）或超过24小时，应往房间打电话，如果无人接听，要汇报给上级主管。

服务礼仪规范

（2）打扫客房前要先按门铃或轻轻敲门，要按规范敲门。

（3）在征得客人同意后方可进入客房。

（4）在客房内工作时，不得擅自翻动客人的物品，不要把任何自认为是垃圾的东西扔掉，如写着字的小字条、半瓶的矿泉水等，打扫完要将物品放回原处。客人若给小费或赠送物品，要婉言谢绝，并致谢。更不可向客人索取任何物品，要自觉维护人格和国格。

（5）被客人唤进客房，要开着门或半开门，不要关门。客人请你坐下，要婉言谢绝。和客人聊天要有度，只能是问候、回答客人问题、简洁的赞美等。

（6）除发生意外情况，一般不要使用客房的电话。凡打到客房内的电话，一概不要接听。

（7）客人在房间打电话时，要主动回避。

（8）不可与其他服务员耳语聊天，不能边聊天边观察客人，这样会让客人有被议论之感，不能聚集在一起议论客人的仪表、仪容、仪态或生理缺陷，更不可给客人起绰号。

（9）不得向客人打听年龄、收入、婚姻状况、工作、健康等私人问题。

（10）工作中，不要与他人嬉笑或大声喧哗。夜深时讲话更要轻声细语，不要影响客人休息。夜间有客人入住时，不要面露倦意，更不能有客人打扰了你夜间休息的不耐烦情绪。

（11）不要拿取客人丢弃的任何物品，如发现客人有遗留物品，马上通知客人或汇报主管。

（12）客人在交谈时，不要插话或以其他形式造成干扰。

（13）正常工作期间，不要在走道里奔跑，以免造成紧张气氛，如果着急，可以快步走。

（14）在工作中，如客人正在影响你，要客气地麻烦客人稍让一下，请求协助。

（15）不应当着客人来访朋友的面要求付账取款。

🎧 课后作业

客房礼貌服务的基本要求是什么？

💡 技能实训

学生分成若干小组，小组根据客房服务规范15条内容自行设计服务场景进行练习，场景必须体现客房服务规范中的5条内容。练习完毕，学生点评，教师进行总结，评出最佳优质服务组。

任务三 客房服务礼仪外延知识

一、优质服务的三个层次

1. 让客人满意——用专业服务

让顾客满意的服务，是为顾客提供所能提供的一切合理服务，这是优质服务的前提。

基本要求是：

（1）正确的服务理念：把客人当亲人，视客人为家人。

（2）积极热情的服务态度：在顾客到来、提出合理需求的时候，首先展现给顾客的应当是积极热情的态度。

（3）规范和标准的服务：对顾客提出的常规的基本需求给予热情规范的服务。

（4）超级服务标准：尽最大努力做到零投诉。

🎓 小故事

客房服务人员小赵正在走廊上吸尘，这时904房间的门打开了，张先生从房间里走了出来。他来到小赵的面前，小赵微笑着向张先生问好，张先生对小赵说："你给我拿一瓶热水来。"小赵颇觉奇怪：饭店客房内已经配备了电热水壶，客人可以随时烧水，只需要几分钟水就可以烧开，宾客为什么要一瓶热水呢？难道是热水壶坏了？但小赵还是立刻微笑着对宾客说："先生，请您稍等，我马上给您拿来。"小赵正准备去工作间拿热水，904房间的另一位客人出现在

单元五　客房服务礼仪规范

门口,对小赵和张先生说:"不用拿热水了,我知道这电热水壶怎么用了,我们没开插座的开关。"张先生顿时显得有些尴尬,不知道说什么好。小赵却仍然很自然地对张先生微笑着说:"电热水壶是复杂了些,连我们为客人烧水,有时也会忘记打开插座开关。"张先生听了小赵的话后,感到释然,对小赵说:"那热水不要了,谢谢你。"

2. 让客人惊喜——用心服务

在规范化服务的基础上,细心去观察、理解,向顾客提供个性化服务,给客人留下深刻的记忆。

基本要求是:

(1)理念深化:客人就是亲人,就是家人。

(2)识别顾客潜在需求:如生日礼物、客人的特殊爱好。

3. 让客人感动——用情服务

用情服务,让客人在生理感受和心理感受上都超出自己的预期值,达到双满意。用情的服务会是人生的一次超级体验。

基本要求是:

(1)理念升华:客人胜似亲人,客人胜似家人。

(2)追求的结果:把顾客变成真正的忠诚顾客。

二、个性化服务

要使客人高兴而来满意而归,光凭标准、严格、规范化的服务是不够的,还要在此基础上开展个性化服务,才能给客人惊喜,才能给客人独特的体验,使其"流连忘返"。

(1)打扫客房时,若发现房内有鲜花,可以主动给客人配备花瓶,并帮助客人把花插好,留下温馨提示、养花的技巧并祝客人入住愉快。发现客人把两个枕头放在一起或将浴巾等垫在枕头下时,可能是客人嫌枕头低,应及时为客人增加枕头。或为客人提供一个略高一些的枕头。

(2)打扫房间时,如发现客人生病,要主动询问客人哪里不舒服,带领客人到饭店的医务室就诊。

(3)遇到老人入住,服务人员应主动帮忙、护送,并主动问询客人是否需要老花镜,并在他床头加放一盏台灯。

（4）清扫房间时，如发现客人将开夜床时已折叠好的床尾巾盖在被子上，服务人员应立即加一床被子给客人；为喜欢抱枕睡觉的客人提供长枕；为衣物多的客人补充衣架，并把衣服挂好，注意不要挂出折痕。

（5）清扫房间时，发现客人带着婴儿，应主动询问是否需要婴儿床；为儿童准备不易破碎的杯子和碗、童书、玩具和儿童拖鞋、枕头等。

（6）当户外下雨而客人刚好要外出时，服务人员应及时提醒客人在下雨，建议客人带上伞具，或即时为客人拿取备用雨具。

（7）当发现客人的鞋子较脏时，服务人员应该主动地将皮鞋擦亮。当发现客人的衣服、鞋子坏了时，可以主动提出帮客人修理。

（8）当发现客人的电脑或其他充电器在使用中，而取电牌未取电，服务人员在离开房间时应为客人将房内电源插上。

（9）当早上发现客人拉着行李离开房间时，服务人员应马上上前询问客人是否需要帮忙，并问询客人是否是要退房了，如果是要退房则即时进房检查，以减少客人的等待时间。

（10）发现客人行动不便，应在客房允许的同时征求客人意见，将客人房间调到离电梯和房务中心近一点的位置。客人外出或回来时，应主动按电梯主动帮扶，以免发生意外。

（11）针对过生日的客人，要赠送生日卡片；如遇重大节日仍住饭店的客人，可以给客人送节日礼物和温馨的祝福卡片；针对度蜜月的客人，可在床上放一朵玫瑰花和一张小卡片，写上饭店的祝福语。

（12）掌握饭店的综合信息资料，为客人尤其是第一次入住的客人提供具体的旅游信息与服务；注意观察并倾听客人；了解客人的爱好，并做好记录；迅速行动满足客人需求。

（13）在会议房间可以多放一些椅子、杯子等备用。

（14）如看到客人房间放有水果，需给客人准备水果刀、水果盆、牙签、面巾纸等。

（15）当发现有外宾入住，服务人员应及时问询客人是否需要加冰块。

（16）服务员清扫住房时，发现暖水瓶盖开着，为满足客人的需要，服务员要为客人送去凉水瓶并装满凉开水；同时，将暖水瓶更换为新的开水。

（17）客人早晨赶时间来不及吃早餐时，要主动为客人打包早餐并提供湿、干纸巾。如早餐时间已过，还有客人未吃早餐，可以通知餐厅单独准备一份。

单元五　客房服务礼仪规范

（18）发现客人在吧台盯着酒水看时，要主动介绍。客人自带食品时，要主动提供盘子盛装。点菜员在为客人点菜时，要向客人介绍当地特产的不同烹调方法、不同特点，供客人对比选择。

（19）发现醉酒客人，应该及时通知保安人员，并关注客人行动。

（20）就餐过程发现客人不停看表，急于赶时间，服务员应迅速与厨房沟通，加快服务速度，并提前准备好账单，尽量缩短客人的结账时间。

（21）遇到客人需要什么物品而饭店没有的，可即时汇报，尽最大可能满足客人。

知识链接

开夜床

开夜床服务是星级饭店提供的一个专项服务。服务人员将床罩撤走，然后将毛毯或被子打开一个角呈45度，以便客人休息。这一操作过程中还包括简单的客房整理及物品补充。

夜床服务的时间一般从晚5：30或6：00开始，或按客人要求，在晚9：00之前做完。因为晚上9：00以后再去敲门为宾客做床服务势必会打扰客人休息。服务人员在进行客房清扫时，不应该只是被动地做卫生，而应该通过自己的观察，了解客人的爱好和需求，并将这些特殊的爱好与需求及时记录下来，供其他员工参考。如：绝大多数客人晚上休息时，喜欢将客房的遮光窗帘拉好，才会睡得香甜；然而有的客人却因工作劳累，常常一觉到天明，为了不影响第二天的繁忙工作，会希望将遮光窗帘中间留出缝。这就需要细心的服务员发现、分析、判断，在夜床服务时提供客人满意的服务。

因此，饭店管理者在设计《清扫员工作日报表》时，应给每一个房间的记录留下足够的空间，除了记录房号、客房状况、进房时间、离开房间时间、租借物品情况、房间里补充的日耗品、更换的棉织品外，还应有一个关于客人特别喜好的备注栏。例如，我们可以把标准房间内的两张床区别开，靠近卫生间的一张床称为A床，靠近窗户的一张床称为B床。清扫员在清扫中，发现A床被用过，就在备注栏里写A，发现B床被用过，就在备注栏里写B。清扫服务人员下班时应将《清扫员工作日报表》交到客房中心或按饭店规定集中存放。当负责夜床服务的服务员进行夜床服务时，首先应到客房中心或规定地方查看《清扫员工作日报表》中所有相关客房客人的个性化爱好，包括喜欢睡哪张床，并将其摘录到《服务人员工作日报表》中的备注栏内，并针对客人的喜好为客人提供个性化服务。若客人喜欢Ａ床就开Ａ床，客人喜欢Ｂ床就开Ｂ床。如果服务人员早上清扫房间时发现，客人将开夜床时已折叠好的床罩盖在床上的毛毯上，再看空调是23℃，这时服务员立即主动加一条毛毯给客人，并交待中班服务在夜床服务时将温度调到26℃左右。

三、保护客人隐私

确保饭店的安全性和保障客人的私人信息是饭店至关重要的任务之一。

饭店的设计除了要给客人提供舒适的休息环境外，还要保护好客人的隐私。无论客人的社会地位如何，他都有隐私保护的权利，无论是他的入住信息，还是他房间中的物品，饭店都要保证其不受侵犯。

饭店员工是保护顾客私人信息的关键。作为饭店而言，需要提供以思想教育为核心的培训内容和培训计划，培养员工良好的品质，同时加强法制意识教育，真正提高员工自觉保护客人隐私的意识。员工不得将任何关于客人的个人信息用于其他用途，如发售商业广告、销售等，要遵守国家相关法律法规。

如果客人提出设保密房，饭店就等于有了保密承诺，如果向外人泄密，就等于违约，要承担"违约责任"。

当有外来客人查找住宿客人时，首先要看客人是否有留言，如果有，可以协助查找；如果没有，要请外来客人自己联系，因为现在手机很方便，既然是朋友就不可能不知道手机号。如果外来客人说没有手机号，饭店的服务人员可以表明：目前您要查找的客人我们没有找到，如果您一定要查找的话，请把您的手机号留下，一旦您要找的客人来饭店，我们就通知您。如果外来客人留下手机号和姓名，饭店服务人员可以到后台与住店客人联系，请客人自己决定是否联系。饭店服务人员一定记住一个原则：宁可得罪外来的客人，也不要给住店客人带来麻烦。一旦没有为客人保密，不仅可能引起不良后果，还会永远失去这位客人。

🎧 课后作业

1. 客房礼貌服务的基本要求是什么？
2. 客房服务如何做到周到、主动？
3. 客房服务礼仪规范是什么？

💡 技能实训

一、礼仪实训

1.学生两人或三人一组，模拟客房服务礼仪训练。要求站姿规范、面带微笑、举止优雅、礼貌用语、目光和眼神符合服务要求。

2.完成一次训练，小组成员互换角色继续练习，并进行点评，改正提高。

3.对着镜子，自己进行指示方向、引领客人进房等不同手势及表情的动作练习。

4.通过你的动作向对方传达出自己的尊敬之意。

5.学生之间互相点评，教师进行总结。

二、操作实训及注意事项

1.打开房门，将工作车横放堵住房门。

2.在整理打扫前先用目光巡视，注意客人物品的置放位置。工作过程中不得擅自翻阅客人的物品，打扫后将客人的物品物归原处，切勿移位或摔坏。

3.应客人要求进客房服务时，要把门半掩，不可随手关上；即使客人盛情关照请坐，也应婉言谢绝。不得向客人索取任何物品，不接受客人的馈赠。

4.如遇客人身体不适，要主动热情地询问客人是否需要医生诊治。

5.工作时客人进出客房，要主动打招呼问候、微笑。

6.不得向客人打听私事，如客人的年龄、收入、婚姻状况等。

7.客人在与别人交谈时，不得随便插话，或无意识地以其他形式进行干扰。

8.工作时间，不得闲聊、开玩笑或喧哗。夜晚讲话要轻声细语，不得影响客人休息。

9.工作中若发生差错，要主动、诚恳地向客人道歉，请求客人谅解，不得强词夺理，推卸责任。

10.服务过程中不得在房内看电视、听音乐或使用电话，不可接听客人的电话。

11.为客人服务时，如需要动用客房电话，要先请示客人，得到客人许可方可使用。

12.工作时间，在走廊上遇到客人，如需客人避让，要客气地打招呼请求，可说："先生（女士），对不起，请让一下好吗？"客人要超越时，应主动站立在一侧避让。

13.客人退房后整理客房时，若发现有客人遗忘的物品，要报告上级，尽快设法送还。

14.客房打扫整理完毕立刻离开，不在房间逗留。

单元六　餐饮服务礼仪规范

学习目标

1. 掌握餐厅服务员迎宾服务的礼仪要求。
2. 掌握餐厅服务员引宾入座的礼仪要求。
3. 掌握周到服务的要求。
4. 了解点菜的服务礼仪要点。
5. 掌握酒吧招待员服务礼仪的基本要求。
6. 掌握西餐礼仪服务的基本要求。
7. 掌握送餐服务的基本要求。
8. 了解我国主要客源国的饮食习惯。
9. 了解我国主要少数民族的饮食习惯。
10. 了解中餐厅有关茶艺的知识和不同种类茶叶的茶艺表演服务方式，能熟练地运用相关茶艺技能为客人提供服务。

案例导入

陈先生是某饭店的住店宾客，在该饭店的餐厅预订了10人的晚餐和他的朋友们一起享用，陈先生非常高兴。点餐时，服务人员热情地向陈先生介绍了特色菜肴，于是陈先生点了当地特色菜。用餐过程中，他对餐厅环境、菜肴、餐厅服务都很满意。用餐完毕，陈先生问餐厅服务人员是否可以签单，餐厅服务人员回答说可以。当餐厅服务人员把账单递给陈先生的时候，陈先生看了看账单就签了字。餐厅服务人员核对了陈先生的房卡，然后把账单送到收银台，收银员立即打电话到前台询问陈先生是否可以签单，前台服务人员表示陈先生在前台的押金只剩1 000元，不能签单。此时，餐厅服务人员转身看到陈先生和朋友要离开餐厅，赶紧走到陈先生面前小声说："对不起，您不能签单。"陈先生立刻不高兴地问："我住这个饭店为什么不能签单？"餐厅服务人员解

单元六 餐饮服务礼仪规范

释说："陈先生在前台的押金不足 1 000 元，到前台补交押金后才可以签单。"陈先生很不高兴地到前台补交押金，并说："我在这儿还要住好几天呢，我又不会不结账就跑了，太不像话了！"

【分析】

案例中，当宾客需要签单时，餐厅服务人员未及时向前台询问押金情况就回答宾客的问题，并且在向宾客解释时未掌握好语言技巧，措辞过于生硬，导致宾客很生气。正确的做法是：当宾客需要大金额签单时，餐厅服务人员应即时向前台问询押金情况，了解清楚情况后再回答宾客；在服务人员向宾客解释时，语言应委婉，以免引起宾客误会。

餐厅服务人员除了应该具备娴熟的服务操作技能以外，还应该具备良好的交流技巧，掌握一定的礼仪礼貌知识。宾客住在饭店时，前台应随时核查宾客的押金数额，如有押金不足的情况，应即时通知可能涉及的部门和岗位，以免因押金不足导致宾客在饭店中的体验受限，引起宾客不满。

任务一　认知餐厅优质服务内容

餐厅服务是餐饮部工作人员为就餐客人提供餐饮产品等一系列行为的总和。优质的餐厅服务是饭店高质量服务的重要保证之一。餐厅服务质量直接影响着饭店的声誉。餐厅服务人员必须时刻牢记顾客至上的服务理念，自觉讲究礼貌礼节，切实做到文明接待、礼貌服务，从客人的实际需要出发，为客人提供优质服务。

一、尊重理解客人

尊重是礼仪的核心，是客人需要的基本心理感受。优质服务首先必须明确客人的心理需求。客人住店，无论什么原因，首先要求的就是求尊重心理。所以，我们时刻以"顾客至上""顾客就是上帝"为宗旨，尤其要注意服务态度，这是关键。饭店的优质服务首先必须做到充满人性化，理解尊重客人。

二、满足客人的合理要求

客人需求一方面是服务程序的规范化、标准化、个性化，另一方面，客人总是希望以尽量低的代价换取自己所需的服务，包括服务环境、硬件设施等。低成本、高品质是饭店客人的共同要求。

三、超值服务

每一个客人进入饭店消费前，心中都装着一个期待值。超值服务，就是所提供的服务除了能满足客人的正常需求外，还提供了部分超出一般需求以外的服务，从而使服务质量超出了客人的预期水平。要打动客人的心，仅做到令客人满意是不够的，还必须让客人惊喜。所以，优质服务应该努力超越客人的期望，给客人带来惊喜的服务体验。现代营销理论告诉我们：满意是指客人对饭店产品实际感知的结果与其期望值相当时，形成的愉悦的感觉；惊喜则是当客人对产品实际感知的结果大于其期望值时，形成的意料之外的愉悦感觉。只有当客人有惊喜之感时，客人才能真正动心。为此，饭店的优质服务应超越客人的期望，即饭店要提供出乎客人意料的或客人从未体验过的服务。饭店服务无大事，更多的是一些细微琐碎的小事，把小事做细做精才能达到更好。在细微之处精下功夫，是每一个优秀服务人员都必须学习的一门功课。

知识链接

餐厅服务员主要职责

（1）卫生清洁。例如，擦拭1.5米以下墙壁、备餐柜等的灰尘，杯子不能有手印，仔细检查餐具是否有裂缝等。

（2）开餐前的准备工作。例如，准备好服务中所需的易耗品，如豉油、茶叶、筷套、牙签等，将它们按要求放在备餐柜中，并在开餐过程中随时保持其整洁度。

（3）摆台。按照餐台及房间的座位标准摆台。

（4）接受餐厅经理的餐前检查，发现不足立即改正。

（5）在指定区域以标准站姿迎接宾客。

（6）拉椅让座，做餐前自我介绍。问茶、奉茶、派香巾、点菜等。

（7）熟悉本餐厅供应的所有菜点、酒水，并做好推销工作。

（8）上菜，并保证客人所点菜品即时、准确无误地送达。

单元六 餐饮服务礼仪规范

(9) 席间巡台服务工作。

(10) 结账。

(11) 送客。

(12) 餐后整理工作。

(13) 按照服务程序、标准，指导见习生的日常工作。

课后作业

餐厅优质服务的要求是什么？

任务二　中餐厅服务礼仪规范

餐厅是用餐的主要场所。餐厅服务包括迎宾、值台、账台、走菜和代客保管衣帽等服务。为了餐厅工作的有序进行，各岗位上的餐厅服务员，不仅要分工明确、各负其责，而且要互相协作，这就要求员工要全面掌握餐厅服务的业务技能，明确和遵守服务中的各项礼貌礼节，从而达到优质服务的效果。

一、迎宾服务

迎宾员要做到仪容仪表整洁大方、醒目、有本餐厅特点，按服务要求站姿面带微笑准备迎接客人。

迎宾入厅

(1) 宾客来到时，5~10米距离微笑用眼神亲切问候，3~4米鞠躬，1~2米要问好并配以手势，"您好，欢迎光临！请问您共几位？""您好，请问您有预订吗？"微笑时表情要自然真诚，和蔼可亲。

(2) 如果男女宾客一起进来，要先问候女宾，再问候男宾。

(3) 见到年老体弱的宾客，要主动上前搀扶，但注意以客人意愿为主。如果客人手里有重物或自带的酒水等，要主动帮助拿过来。

(4) 按规范引领客人到就餐房间或餐桌位置。如果客人没有预订，按领位原则进行引领。

（5）如果餐厅已客满，应礼貌地把客人引领到休息位置，并告知大概的等候时间。休息厅要备有茶水、报刊等。

知识链接

迎宾员口诀

仪表端庄笑迎客，站姿标准开关门。
"欢迎光临""请慢走"，"您好""谢谢"不离口。
与人和气热情到，领位及时做向导。
订餐留位引领好，安排等位难不倒。
为使企业口碑好，服务社会品德高。

二、引宾入座

（1）重要宾客光临时，要把他们引领到本餐厅最好的位置上。

（2）夫妇、情侣来就餐，要把他们引领到角落里安静的餐桌入座，便于说悄悄话。

（3）服饰华丽、容貌漂亮的女宾到来时，可把她引领到众多客人均能看到的显眼位置上，这样既可满足客人心理上的需要，又可使餐厅增添华贵气氛。同时，应以客人的要求为准。

（4）对于全家或亲朋前来聚餐的客人，可引领到餐厅中央的餐桌就餐。

（5）年老体弱的客人来用餐，应尽可能安排在出入比较方便，且离入口较近的地方。

（6）对于有明显生理缺陷的客人，要注意将其安排在适当的位置，以能遮掩生理缺陷为妥。

（7）客人通常喜欢靠窗、能观赏风景的座位，如果有些客人想坐的位置已有人预订，领台员应作解释、致歉，然后引领客人到其他满意的座位。靠近厨房出入口的座位往往不受客人欢迎，对那些实在无奈安排在这张餐桌上就餐的客人，服务人员要多说几句抱歉的话。

（8）客人进入餐厅，首先要为客人接挂衣帽，从主宾开始，依次进行，力争记住衣帽的主人。

（9）宾客走近餐桌时，值台员应以轻捷的动作，用双手拉开座椅，请宾客就座。拉椅让座从主宾开始，依次进行。拉椅速度要配合客人的节奏。

单元六 餐饮服务礼仪规范

（10）小毛巾服务。将盛有小毛巾的碟子用托盘送上，要用夹钳从主宾开始顺时针依次递给宾客并用敬语："女士（先生），您请。"小毛巾的温度应随季节调整。

（11）茶水服务。提供茶水服务时，要用选择性问语，如："女士您好，您需要红茶还是绿茶？"将茶递给宾客时，要拿杯底，切忌手指接触茶杯杯口，并要提醒客人"小心烫着"。

三、点菜服务礼仪

（1）值台员要随时注意客人索要菜单的示意，适时地主动从客人右侧递上菜单并为客人打开。然后退后一步，待客人决定后再躬身上前为客人点餐。

（2）递送的菜单要干净、无污迹。递送时必须态度恭敬。切不可随意把菜单往客人手中一塞或扔在餐桌上一走了之，这是极不礼貌的行为。

（3）点菜时要和客人保持社交距离，不可侵犯客人的私人空间。

（4）客人点菜时，要拿好纸、笔或点菜工具准备随时记录。同客人说话时要始终面带微笑，上半身略微前倾，精神集中地聆听。回答客人询问时，话语要亲切、委婉，音量、语速要适中。

（5）介绍菜品时要荤素搭配、并根据客人的请客性质、人员构成而定。如果客人点菜过多或搭配不宜，要委婉提醒客人。

（6）推荐菜品时要注意语气，不要催促客人点菜，要耐心等候，让客人有充分的时间做决定。

（7）适时为客人推荐菜肴，推荐的菜肴要以客人人数为宜。

（8）认真、准确地记录下客人点的每一道菜和饮料，菜品要复述一遍，杜绝差错。

（9）值台员要随时关注菜品通知，如客人点了已经售罄的菜品，要礼貌致歉，求得客人谅解。

（10）客人如点出菜单上没有列出的菜肴时，应尽量设法满足，不可一口回绝，可以说"请允许我马上与厨师长商量一下，我们会尽量满足您的要求"等。

知识链接

传菜口诀

传菜精准夹子号，

147

准确传送有礼貌。
见客问好成习惯，
汤美菜热平稳传。
撤台分类认真办，
工作不怕多流汗。
团结互助不吵闹，
饭店社会效益好。

四、服务周到

（1）在工作岗位上要始终面带微笑，精神饱满、礼貌待客，要精力集中、专注观察，随时准备为客人服务。

（2）细心观察每位客人的需求，把服务做在客人开口之前。对不习惯用筷子的外宾，要及时为其更换刀、叉、匙等西餐餐具。如宾客不慎把餐具掉到地上，值台员要迅速上前取走，并马上为其更换干净的餐具。用餐期间，要及时为客人斟茶、换小毛巾、更换骨碟。

（3）如果客人有私密话要谈，应主动离开房间，同时注意聆听客人召唤。

（4）值台服务过程中，要始终保持规范站、行姿态。不得倚靠或屈腿站立，也不得互相聊天。

（5）如有客人的电话或其他情况，要走近客人轻声告知，不要在远处高声呼喊。服务员在任何时候都不能高声说话。

（6）上菜时，站在客人右后侧，托盘展开，并说"您好，请慢回身"，然后才可以把菜肴放在桌子上。介绍菜名时要用手势，并在回身站好后再介绍菜名。

（7）每一道菜都要报菜名，并简单扼要地介绍其特色，运用手势时，手不可在菜肴之上，应在菜肴侧方至少20厘米的位置。

（8）客人有意吸烟时，应告知客人吸烟区位置。

（9）如有儿童用餐，应加上儿童座椅方便儿童入座。

（10）巡台服务时，要根据客人需要提供必要服务。

（11）逢过年过节，应对每一位客人致以节日祝贺。

（12）餐毕的清洁工作，应在客人全部离去后进行，不可因为着急下班当着客人的面操作。

五、个人卫生

安全卫生，是客人对餐饮产品的基本要求。餐厅服务员在餐前准备、餐中服务时一直直接接触食品、餐具，其个人卫生自然特别重要，对其要求也更为严格。因此，对每个餐厅服务员来说，讲究卫生是第一要求。这是提高服务质量、坚持文明服务和确保饮食卫生与安全的最根本的保证。

对于个人卫生的要求，除了穿着干净、整洁、端庄外，还要做到"五勤""三要""五不要""两个注意"。

"五勤"是指勤洗澡、勤理发、勤刮胡须、勤刷牙、勤剪指甲。

"三要"是指工作前后要洗手、大小便后要洗手和早晚要漱口。

"五不要"是指在客人面前不要掏耳朵、不剔牙、不抓头皮、不打哈欠和不挖鼻孔。

"两个注意"是指注意不吃韭菜、大蒜、大葱之类有强烈气味的食品；在宾客面前，如不得已要咳嗽或打喷嚏，要注意马上转身背向宾客，并用手帕或纸巾捂住口鼻。

六、结账送客

（1）结账要"快、准"，满足客人快速离店的需求。账单要放在垫有小方巾的托盘（或小银盘）里送到宾客面前。如果客人没有特殊要求，要"唱收"。

（2）如果客人要直接向收款员结账，要礼貌地引领或告诉客人账台在什么地方，尊重客人要求。

（3）客人付账后，要礼貌真诚征求客人对本餐厅的意见并表示谢意。

（4）客人起身后，服务员应即时为客人拉开座椅，从主宾开始依次进行。客人出门前应提醒其不要遗忘随身物品并仔细检查。代客保管衣帽的服务员要准确地将衣帽递给客人并热情地帮助穿戴；要记得询问客人是否需要打包，并根据客人需要为其服务。

（5）将客人送至餐厅门口时，30度鞠躬道别"再见""欢迎您再次光临"，目送客人离去后再转身。

🎧 课后作业

1. 餐厅服务人员引客入座的礼仪要求是什么？
2. 点菜服务礼仪的要点是什么？

💡 技能实训

以小组为单位,模拟餐厅服务的各个环节,其他小组点评,指出问题,反复训练后,教师进行总结。

任务三　西餐厅服务礼仪规范

西餐厅的环境通常优雅时尚,装修风格多样,具有浪漫奢华的氛围。西餐厅一般进餐节奏缓慢且价格昂贵,体现着饭店西餐服务的最高水准。西餐厅还有专业的音乐氛围,要求服务人员工装挺阔、仪表优雅大方,严格按照服务程序进行服务,以展示西餐特有的文化。

西餐厅的服务要求"三轻一快",即操作轻,说话轻,走路轻,服务快。

🎓 小故事

马格丽特是亚特兰大某饭店咖啡厅的引位员。当天午饭期间,马格丽特刚带几位客人入座回来,就见一位先生走了进来。"中午好,先生。请问您贵姓?"马格丽特微笑着问道。"您好,小姐,您不必知道我的名字,我就住在你们饭店。"这位先生漫不经心地回答。"欢迎您光顾这里。不知您愿意坐在吸烟区还是非吸烟区?"马格丽特礼貌地问。"我不吸烟。不知你们这里的头盘和大盆菜有些什么?"这位先生问。"我们的头盘有一些沙拉、肉碟、熏鱼等,大盆菜有猪排、牛扒、鸡、鸭、海鲜等。您要感兴趣可以坐下看看菜单。您现在是否准备入座了?如果准备好了,请跟我去找一个餐位。"马格丽特说道。

这位先生看着马格丽特的倩影和整洁、漂亮的衣饰,欣然同意,跟随她走向餐桌。"不,不,我不想坐在这里。我想坐在靠窗的座位,这样可以欣赏街景。"先生指着窗口的座位对马格丽特说。"请您先在这里坐一下,等窗口有空位了我再请您过去,好吗?"马格丽特征求他的意见。在征得这位先生的同意后,马格丽特又问他要不要点些开胃菜品。这位先生点头表示同意。马格丽特对一位服务员交代了几句,便离开了这里。

当马格丽特再次出现在先生面前告诉他窗边已有空位时,这位先生正与同桌的一位年轻女士聊得热火朝天,并示意不换座位,要赶紧点菜。马格丽特微笑着走开了。

一、接受预订

高级西餐厅因进餐节奏较慢、就餐时间长,所以餐座周转率很低,客人一般都提前订座以保证餐位。

餐厅由迎宾员或领班负责按规范接受客人的电话预订或面谈预订,并记录和落实安排以便准确提供服务。

二、准备工作

（1）环境卫生。

保证地面、家具、餐具和棉织品的清洁卫生。如果有绿植,要保证叶子没有灰尘、没有枯叶。

（2）服务用具。

准备并备足各种餐具、小毛巾、菜单、托盘、服务手推车、冰水、咖啡和茶。

（3）调味品。

准备芥末、胡椒瓶、盐瓶、柠檬角、黑椒汁、番茄酱、奶酪粉以及各种色拉酱等。

（4）摆台。

按餐厅规范和预订情况摆台。要求做到餐具卫生安全、取拿方便、距离均匀、美观整齐。

（5）班前会。

开餐前 0.5～1 小时,由餐厅经理主持班前会,班前会内容主要包括:检查员工仪容仪表,规范服务训练,进行任务分工,介绍当日特色菜肴和客情,强调 VIP 客人接待的注意事项,强调改进工作及需注意的问题等。

（6）餐前检查。

领班或经理检查各个岗位的卫生及餐前准备工作。

三、热情迎宾

由迎宾员或餐厅经理按规范迎接客人,规范如下。

（1）了解预订,热情问候。

（2）礼貌称呼，规范引领。
（3）女士优先，拉椅让座。
（4）递送菜单，人手一份。
（5）介绍自己，祝客愉快。

四、值台服务

（1）接挂衣帽，协助拉椅。
（2）介绍酒水，毛巾服务。
（3）斟倒冰水，递铺餐巾。
（4）女士优先，服务酒水。

五、接受点菜

因西餐是分餐制，且每位客人所点的菜可能不同，所以服务员要认真记录每位宾客所点的菜肴，避免上菜出现差错。

（1）当客人看完菜单后，立即上前征求是否可以点菜的意见，得到主人首肯后，从女宾开始依次点菜，最后为主人点菜。

（2）提供信息和建议，询问特殊需求，如牛排需几成熟，沙拉配何种色拉酱等。服务人员要了解本餐厅所有菜品的特点，适时帮助客人点菜。

（3）记录点菜内容，分别记下不同客人所点的菜肴，避免混淆。

（4）复述客人所点菜肴及特殊要求，以便确认。

（5）向客人致谢，收回菜单并填写送厨房的点菜单。

六、推销佐餐酒

领班或酒吧服务员，呈递葡萄酒单（Wine List）给客人，并根据客人所点的菜肴，介绍和推荐与菜品相配的佐餐酒。如牛排等红肉配红酒，海鲜、鱼类等白肉配白葡萄酒。

七、重新摆放餐具

服务人员根据订单和示意图，为每位客人按点菜内容和上菜顺序重新摆放餐具，最先食用的菜肴要使用的餐具放在最外侧，其余餐具根据菜肴内容和服务顺序依次由外向里摆放（见图6-1）。

单元六 餐饮服务礼仪规范

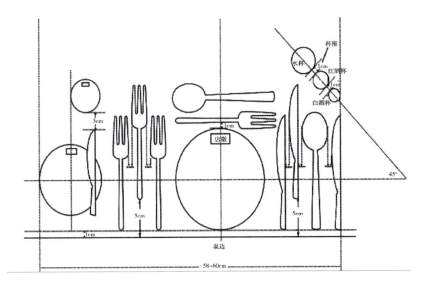

图 6-1 餐具摆放位置

八、服务佐餐酒

根据客人所点的佐餐酒,按服务规范提供服务,白葡萄酒、玫瑰露酒和葡萄汽酒应冰镇。红葡萄酒用酒篮,斟酒前先展示商标,当众开瓶,试瓶,斟倒五分之一请主人品尝,得到认可后,按先女士后男士的顺序为客人斟倒酒水。

根据佐餐酒与菜肴的搭配规律,一般先饮白葡萄酒,上主菜时才饮用红葡萄酒。

九、西餐上菜服务流程

西餐大致可分为法式、英式、意式、俄式和美式。法式菜肴有选料广泛、加工精细、烹调考究、品种多、重视调料等特点。英式菜肴具有油少、清淡、原汁原味等特点。意式菜肴以味浓著称,烹调注重炸、熏等,以炒、煎、炸、烩等方法见长。美式菜肴是在英国菜的基础上发展起来的,它继承了英式菜简单、清淡的特点。俄式菜肴口味较重,香醇、喜欢用油。这些菜肴的区别表明不同国家的人有着不同的饮食习惯。

1. 服务头盆

头盆,即头盘,是西餐的第一道菜,又称为开胃品或开胃菜。开胃品一般有冷头盘或热头盘之分。头盆一般量较少,味道以咸和酸为主,多用海鲜、熟肉、蔬菜、水果制作。常见的菜品有鱼子酱、鹅肝酱、熏鲑鱼、鸡尾杯、奶油鸡酥盒等。若是冷头盆,在宴前 10 分钟内送上即可。

2. 服务第二道菜

（1）客人用完头盆后，征求客人意见或针对客人餐具摆放进行撤盘，应在客人右侧用托盘或徒手连同头盆刀和头盆叉一同撤下。

（2）服务第二道菜，报菜名并注意在介绍菜品时避开口鼻，所需的调味汁一律从客人的左侧送上。

（3）第二道菜用完后，餐具连同装饰盘一起撤下，餐位上只留下用主菜的餐具、面包盘、黄油刀、黄油碟、甜品叉勺和有酒水的杯具。

3. 服务第三道菜

西餐的第三道菜一般是鱼类、贝类、软体动物类等。此时应搭配白葡萄酒，酒的温度在8～12度，酒的甜度越高，其温度应越低。

4. 服务主菜

（1）为烘托餐厅气氛，有些餐厅的个别主菜会采用法式服务。这时，服务员应提前做好准备工作，由领班在客人面前进行烹制或切割等装盘表演。主菜主要配红葡萄酒或玫瑰红葡萄酒。酒的温度为室温即可，或根据客人要求而定。

（2）菜肴装盘时要注意将蔬菜配菜放在主菜上方，酱汁不挂盘边，由服务员从客人右侧上菜并报菜名，牛排应告知几成熟；放盘时，主菜靠近客人，配菜在上方，跟配的沙拉可用小碟盛放，摆放在主菜盘的左上方。此时要格外提醒客人盘子温度较高，小心烫手。

（3）客人全部用完主菜后，依次撤走主菜盘和刀叉，将桌上的面包屑清扫干净，并真诚征询客人对主菜的意见，不可以走形式。当肯定客人都感到满意后，才可礼貌离去。如果客人有不满，应及时反馈至厨房处理。

5. 服务奶酪和甜点

（1）先展示放有各式奶酪的木板或手推车，将客人所点的奶酪当场切割装盘并摆位。服务时配胡椒、盐瓶，重新问派黄油、面包和克力架，搭配冰镇蔬菜。

（2）待客人用完奶酪后，用托盘撤下用过的餐具、面包盘、黄油盅、胡椒瓶和盐瓶等，只留下甜品勺及有酒水的杯子、烟灰缸、花瓶和烛台等。

（3）展示甜品车或甜品单，请客人选择。

（4）摆好相应的甜品餐具，从客人右侧送上甜品。

需注意，如果客人不用奶酪，则可直接服务甜品，个别甜品如苏珊特饼和火焰香蕉等可以在客人面前表演。上甜品前应先斟酒，可以斟主菜的配酒，或者餐后甜酒。

6.服务咖啡或茶

（1）询问清客人喝咖啡或茶，随后根据需要送上糖缸、奶壶或柠檬片，摆咖啡具或茶具，再用咖啡壶或茶壶斟倒。

（2）有些西餐厅还提供爱尔兰咖啡、皇室咖啡等，这类饮品可以在客人面前制作，渲染餐厅气氛。

（3）服务员用托盘撤下用完的甜品餐具，并将咖啡杯或茶杯移至客人面前，要注意随时补充咖啡或茶。

7.服务餐后酒

（1）展示餐后酒车，询问主人是否餐后用些利口酒或白兰地。

（2）为客人斟倒利口酒或白兰地，随后开列订单。

十、席间服务

席间服务工作应贯穿于整个用餐过程。

（1）撤下空的杯具，换撤骨碟、小毛巾。

（2）在吸烟区帮助客人点烟，随时撤换烟灰缸，一根火柴或打火机最多只能为两位客人服务。

（3）添加冰水、饮料和佐餐酒。

（4）添加黄油和面包，即时清理干净面包屑。

（5）客人席间离座时，要帮助拉椅和整理餐巾；回座时，再帮助拉椅和递铺餐巾。

十一、结账

（1）客人用完餐，应迅速准备账单；当客人示意结账时，要按规范和客人的要求办理结账手续。

（2）有些客人会要求分单结账，因此在点菜和服务过程中，应准确记录每位客人的点单内容，以便迅速且准确地为各位客人办理结账手续。

（3）真诚致谢。

（4）体贴询问客人是否需要打包，如果需要，主动服务，并且帮助客人将打包袋送至餐厅门外。

十二、热情送客

（1）客人起身离座时，要帮助拉椅、取递衣帽，要熟记客人衣帽，并提醒客人带上自己的物品，主动查看餐位是否有物品遗落，向客人礼貌致谢并欢迎客人再次光临。

（2）送客人至餐厅大门，30度鞠躬和客人道"再见"，再次感谢，目送客人离去再转身。

十三、清理台面

（1）整理餐椅，清点餐巾。
（2）用托盘清理台面，将用过的餐具送至洗碗间分类摆放。
（3）换上干净台布。
（4）做好餐厅结束工作。

知识链接

西餐厅服务员操作规范

（1）不吸烟，不吃零食。
（2）工作场合要保持安静，隆重场合要保持肃静。
（3）"三轻一快"，即操作轻，说话轻，走路轻，服务快。
（4）了解客人的风俗习惯，了解不同宗教信仰，了解客人的特殊要求。
（5）客人来时有迎声，服务时有应声，走时有送声。
（6）尊重老人，尊重妇女儿童，尊重残疾人。
（7）随时牢记"女士优先"原则。

课后作业

1.西餐厅的服务程序是什么？
2.西餐厅上菜的服务流程是什么？

技能实训

学生几人一组，进行西餐厅点菜服务礼仪模拟训练，要求面带微笑、点菜语言规范、适时推荐菜品、举止优雅、用语礼貌、目光和眼神符合服务要求。模拟完毕，先小组相互点评，然后教师进行总结。

单元六　餐饮服务礼仪规范

任务四　酒吧服务礼仪规范

酒吧是客人的休息娱乐场所，酒吧服务包括但不限于提供饮料、小吃、点心、酒具、酒杯、酒单、音乐和灯光等。客人在繁忙的工作之余可来此休息，在舒适的环境中享受饮酒和社交。舒适的酒吧使客人消除疲劳、振奋精神；商人们常常喜欢在这种幽静的环境里洽谈生意；一些公司或团体有时也会特意选择在这样的气氛中举行酒会或冷餐会等。酒吧还是私人聚会的好场所，住店的客人乐意到这里来招待亲朋好友，年轻的情侣更是热衷于在这种优雅的环境里约会。酒吧服务员为客人提供服务时，要做到耐心细致、讲究礼貌礼仪，要能够灵活处理各种问题。

一、准备工作

在营业前，服务人员需要做好充分的准备工作。这包括检查个人仪容仪表，确保制服整洁，佩戴好名牌；检查酒吧内的环境，确保桌椅、酒杯、酒具和吧台等物品干净整洁；熟悉当日的酒水单和特价促销，以便向客人推荐。

二、礼貌迎宾

（1）客人进门时要礼貌相迎、问候。美好的语言和可亲的面容让客人一进门就感到心情舒畅。

（2）对不同的客人，要引领到能使他们满意的座位上。服务人员应该与客人保持眼神交流，微笑面对，展现专业和友好的态度。同时要留意客人的需求和期望，以便提供个性化的服务。

（3）恭敬地向客人递上清洁的酒单，耐心地等待客人的吩咐，仔细地听清、完整地记牢客人提出的各种具体要求，提供合适的建议和推荐，并确保准确记录下客人的点单内容。必要时可向客人复述一遍，以免出现差错。开票时，服务人员一般站在客人的右侧，保持0.5～1米的距离，身体前倾，神情专注。

（4）服务是酒吧服务人员工作的核心环节。服务员需要确保酒水和小吃及时上桌，同时留意客人的细小需求变化，如"不要兑水""多加些冰块"等，一定要尊重客人的意见，严格按客人的要求去做。

（5）仔细观察，认真聆听客人需求，及时推荐酒水小吃，使客人感受周到的服务。

三、悉心上酒

（1）提供上酒服务时，身体不能背向客人，即使需转身拿取背后的酒瓶时，也只可转身，不得转体，不能将整个后背留给客人。

（2）调制酒水类、饮品及水果由写单到出品至吧台，时间不得超过五分钟。在客人面前调制饮料时，要讲究操作举止的雅观、态度的认真和器皿及操作的卫生，随时将各种器皿有序摆放，空瓶、空罐及时处理，始终保持台面整齐有序。不能举止随便、敷衍了事。

（3）一般应用托盘从客人右侧上饮料，如实际情况不便时，也可以从方便客人的位置操作。此时要说："对不起，失礼了。"

（4）递送托盘时，应由低向高、由外向里慢慢地送到客人面前，并问候："您好……"这一方面是礼貌需要，另一方面可以避免饮料杯被不慎碰及而打翻。

（5）如宾客需用整瓶酒，斟酒前应该先"试酒"，经主人认可后，方可为客人斟倒。

（6）为团体宾客服务时，一般斟酒的顺序为：先宾后主，先女后男，先老后少。

四、仪表端庄、举止优雅

（1）在服务中，单独的客人一般喜欢到吧台前的吧椅就座，服务人员如需与客人交谈，要注意交流要恰当，要以客人的情绪为主，要照顾其心理感受，要顺着客人的话题聊，让客人满意。但不能影响本职工作，也不能忽视其他客人。

（2）服务人员需要确保酒水和小吃及时上桌，同时留意客人的需求变化，如添加酒水、更换杯子等。在服务过程中，服务人员需要保持优雅和专业的举止，避免打扰客人的交谈和享受。

（3）工作中，服务人员要注意站立的姿势和位置，不要将胳膊支撑在柜台上，更不能倚靠吧台。

（4）在接待过程中，服务人员应该与客人保持眼神交流，微笑面对，展现专业和友好的态度。同时，要留意客人的需求和期望，以便提供个性化的服务。

（5）客人之间谈话时，服务人员不能侧耳细听；在客人低声交谈时，服务人员应主动回避。见到成双成对的客人窃窃私语时，更要注意保持距离。

（6）呼唤客人来接听电话时，不要在远处高声呼叫，否则会惊动其他宾客。服务人员可根据发话人提供的特征有目的地寻找，到客人面前再告知，并留心照看好去接电话的客人留在座位上的物品。接听电话时，语调要温和，态度要耐心，要礼貌地复述一下被找客人的姓名。

（7）记住常客的姓名及其饮酒爱好，主动热情地为客人提供优质服务。

（8）任何时候都不可有不耐烦的语言、表情或动作。不可催促客人点酒、饮酒。

（9）客人示意结账时，要用小托盘递上账单；客人无意离去时，切不可催促、要求客人提前结账付款。

（10）对客人赠送的小费，要婉言谢绝，要自觉遵守纪律，维护人格、国格。

（11）服务过程中，应养成良好的卫生习惯，时时处处轻拿轻放，手指不触及杯口。

（12）酒吧服务人员要格外注意自己的仪容仪表，举止要优雅绅士，不能在客人面前做出任何不雅观的举动。

五、关注喝醉的客人

注意观察客人的饮酒情况，如发现客人醉酒，应停止向其供应含酒精饮料。

（1）对已有醉意、情绪变得激动的宾客，更要注意礼貌服务，不可怠慢，要沉着、有耐心。在任何情况下都要以礼相待，必要时通知保安。

（2）在收找现金时，尽量当着除醉客以外的其他客人的面"唱票"，避免发生纠纷误会，最好请其同伴协助。要掌握客人的自尊心理，不要大声报账，只可小声清晰地"唱"收。

（3）在发生意外时，要保持头脑冷静、清醒。要做到骂不还口，打不还手，即时向上级和有关部门反映，以便得到妥善处理。

（4）认真对待并处理客人对酒水和服务的意见和投诉。如客人对某种酒水不满，应设法补救或重新调制一杯。

知识链接

做好"五声服务"

客人到了要有欢迎声：您好！欢迎光临！

客人问了要有应答声:"您好!对不起!"然后马上过来询问客人有什么需求。

请客人避让或得到客人谅解时要有道谢声:"谢谢您!"

对客人照顾不周时要有道歉声:"对不起,马上……"

送别客人时候要有送别声:"谢谢您的光临,请慢走,欢迎下次再来!"

知识链接

酒吧服务基本技能

1. 试酒的程序和方法

试酒是西餐斟酒服务的环节之一。试酒一方面可以让主人检验品评酒的质量,另一方面可以让客人体会到尊重及仪式感。客人点整瓶酒后,在开餐前,服务人员手持酒瓶站在客人右侧0.5米处,左手托瓶底,右手持瓶颈,15度鞠躬,并说:"您好,打扰您了,这是您点的酒。请问,可以为您开瓶吗?"主人同意后,服务人员按规范开瓶,然后,把酒巾缠绕在瓶颈,走到主人右后侧,为主人斟倒1/5的酒,请主人品尝。得到主人认可后,再为其他客人斟酒。

2. 斟酒的程序和方法

服务人员托盘放2种酒水,左手持托盘站在客人右后侧,右脚插入两椅之间。征询客人意见后,为客人斟倒需要的酒水。左手托盘展开,右手拿酒瓶下半部,酒标朝外,面向客人。斟倒时,瓶口距杯口1厘米左右,匀速斟倒。各种酒水的适宜斟酒量为:白酒七分满,红葡萄酒五分满,白葡萄酒2/3杯,啤酒沿杯壁慢慢静流至七分满、其余三分是泡沫。斟倒后,旋转酒瓶提起,以免酒水滴落。斟酒要做到不滴不洒、不少不溢。

课后作业

酒吧招待员服务礼仪的基本要求是什么?

技能实训

学生分小组进行餐厅酒吧服务礼仪模拟训练,要求动作优雅、面带微笑并适时关注醉酒客人。模拟完毕,学生相互点评,最后教师进行总结。

单元六　餐饮服务礼仪规范

任务五　餐厅服务礼仪外延知识

一、我国主要客源国的饮食习惯

（一）亚洲国家和地区

1.日本

日本人早餐喜喝稀饭，受外来影响也喝牛奶、吃面包。午餐、晚餐一般吃米饭，副食以蔬菜和鱼类为主。日本是岛国，所以日本人爱吃鱼并且吃法很多，如蒸、烤、煎、炸等，鱼汤也是他们喜爱的。他们爱吃生鱼片，食时配辣味以解腥杀菌。日本人还爱吃面、酱菜、紫菜、酸梅等。吃凉菜时，他们喜欢在凉菜上撒少许芝麻、紫菜末、生姜丝等起调味、点缀作用。日本人的口味较清淡，忌油腻，爱吃鲜中带甜的菜，还爱吃牛肉、鸡蛋、清水大蟹、海带、精猪肉、豆腐等。但不喜欢吃羊肉和猪内脏。

2.韩国

韩国的饮食主要特点是清淡少油，如用各种蔬菜、肉类、鱼类做成酱汤。韩国的泡菜、各种发酵酱等也以其营养价值和特别的味道而闻名。饭、粥、拌菜、烤肉、饺子是韩国餐桌的主要食品。这里我们主要介绍以下六种美食。

（1）冷面。

韩国冷面的做法是把细面条煮熟，再浇上冷面汤，放入肉片、黄瓜丝或其他蔬菜、鸡蛋等配菜。细面条是用小麦粉做成的，冷面汤是把用牛肉块长时间煮成的肉汤放凉后制作而成。冷面主要在夏天吃，既解暑又美味。

（2）泡菜。

泡菜是韩国餐桌上的必备小菜，家家户户都会见到泡菜。泡菜是用红辣椒为佐料，将其一层一层在白菜上抹均匀，还会放上一些苹果、梨子丝及其他材料，腌制几个小时制作而成。泡菜还可以做成泡菜炒饭、泡菜炒土豆片等许多美味菜肴。

（3）炒年糕。

炒年糕是由年糕条配上调制好的辣酱及各种调料炒制而成的，不仅出现在饭店、家庭餐桌上，还是韩国小吃街上的一道特色美食。孩子和老人都喜欢炒年糕。

（4）拌饭。

韩国人的主食以米饭为主，拌饭也自然成为韩国最具代表性的主食之一。拌饭的种类很多，具体做法是在白米饭上摆各种各样的切丝青菜、肉丝，再放上一个煎蛋，与辣椒酱和其他调味酱料等一起拌着吃。拌饭少油健康，味道独特，营养丰富，制作简单，食用方便。

（5）烤肉。

烤肉是将牛肉或猪肉放进由大酱、蜂蜜（或糖）、大葱、蒜、芝麻、盐、胡椒粉等调制成的调味料里腌制之后烤制而成的料理。根据个人口味可以再放上蒜片、辣酱等用生菜或苏子叶卷起来吃。

（6）参鸡汤。

韩国人有喝参鸡汤来滋补身体的传统，尤其在炎热的夏季，能喝上一碗参鸡汤是韩国人的一件乐事。参鸡汤是将童子鸡洗干净，剖开鸡肚放入高丽参、黄芪、当归、枸杞、大枣、板栗、黏米等补血补气的良药，再熬制而成。参鸡汤不仅不油腻，且清爽鲜美，还带有一股药香。参鸡汤是最具代表性的韩国宫中料理，是韩国第一名汤。

3. 泰国

泰国主食为大米，副食是蔬菜和鱼。泰国人早餐多吃西餐。泰国人喜欢吃辣味食品，而且越辣越好，但不爱吃牛肉及红烧食品，食物中习惯放糖。对于饮料，泰国人爱喝白兰地和苏打水。

4. 新加坡

新加坡人的主食为米饭、包子，不吃馒头；副食为鱼虾，如炒鱼片、油炸鱼、炒虾仁等。新加坡人早点喜用西餐，下午爱吃点心。饭后喜欢吃鸭梨、苹果等水果，但不吃香蕉。他们爱喝咖啡、红茶，爱吃干点心和小蛋糕。

5. 菲律宾

大多数菲律宾人以大米为主食，还有一些人以玉米为主食。副食品主要是肉类、海鲜和蔬菜。菲律宾人喜欢食香辣味食品，但由于烹调方法受西班牙影响，菜中辣味不很重。菲律宾名菜有虾子煮汤、肉类炖蒜、香蕉心炒牛肚、咖喱鸭肉、炭火烤小猪和抹上新鲜干酪的米饼等。菲律宾人特别喜欢喝啤酒。

6. 印度

印度人以大米为主食，也有一些人以"馕"（一种由多种原料构成的烤饼）和"恰巴提"（一种面饼）为主食。印度人爱吃咖喱及油爆、烤、炸的食物，口味喜辣。副食品在菜类上与中国大体相同，蔬菜中特别爱吃马铃薯，对中国四川菜中的鱼香类有兴趣。

（二）欧美国家和地区

1. 美国

美国人饮食比较保守，不喜欢奇形怪状的食品，如鸡爪、猪蹄、海参等，不爱吃肥肉，不爱吃红烧和蒸的食品，也不爱吃动物内脏。对于带骨的肉类如鸡、鸭、鱼、蟹等，要剔骨后才做菜。美国人的口味喜生、冷、清淡和咸中带甜的食品，对煎、炒、炸的食品一般均爱吃，但不喜欢在烹调时把调料放入，而是把诸如酱油、醋、味精、胡椒粉、辣椒粉等放在餐桌上任进餐者调味。美国人喜欢吃川菜、粤菜，还喜欢吃我国北方的甜面酱，南方的耗油、海鲜酱等。他们自己做冷菜时，多数用色拉油沙司作调料。

美国人一般不爱喝茶，爱喝矿泉水、冰水、可口可乐及啤酒，他们喝饮料时喜欢放冰块，把威士忌和白兰地当作茶喝。餐前一般饮番茄汁、橙汁，吃饭时饮啤酒、葡萄酒，饭后喝咖啡。

2. 英国

英国人饮食没有禁忌，口味喜清淡，不爱辣味。有些比较讲究的英国人一日四餐，早餐丰富，一般吃麦片、三明治、奶油点心、煮鸡蛋，饮果汁或牛奶；午餐较简单；午后喝茶也算一餐，通常喝茶，吃面包、点心；晚餐最为讲究，吃鸡肉、煮牛肉等食品，也吃猪肉、羊肉。英国人每餐都喜欢吃水果，晚餐喜欢喝咖啡，夏天爱吃果冻和冰激凌，冬天爱吃蒸的布丁。

英国人爱喝茶，一早起床就要喝一杯浓红茶。倒茶前，要先往杯子里倒入冷牛奶，并加点糖，若先倒茶后倒奶则会被认为无教养。他们常饮葡萄酒和冰过的威士忌、苏打水，也会喝啤酒，一般不饮烈性酒。

3. 德国

德国人早餐比较简单，一般只吃面包，喝咖啡。午餐时他们的主食一般是面包、蛋糕，也吃面条和米饭。副食喜欢瘦猪肉、牛肉、鸡蛋、土豆、鸡鸭、野味，不喜欢吃鱼虾等海味，也不爱吃油腻、过辣的菜肴，口味喜清淡、酸甜。晚餐一般吃冷餐，吃时喜欢关掉电灯，只点几支蜡烛，在幽淡的光线下边谈心边吃喝。他们爱吃各种水果及甜点心。

4. 法国

法国人喜欢吃各种蔬菜，但要求新鲜。他们不喜欢辣味，爱吃冷盘，并且习惯自己切着吃，所以若我们用中餐招待他们，要在摆中餐餐具的同时摆上刀叉。法国人不太喜欢吃汤菜，也不爱吃长鳞片的鱼类。他们的口味特点是喜欢嫩、肥、浓，做菜用酒较多；不喜欢将肉类菜肴烧得太熟，有的只有三四成熟，最多七八成熟；喜欢吃生牡蛎；菜肴的配料爱用大蒜、丁香、芹菜、胡萝卜和洋葱。此外，法国人还爱吃蜗牛、青蛙腿及酥食点心，他们的家常菜是牛排和土豆丝。鹅肝是法国的名贵菜。法国人每天都离不开奶酪。他们爱吃水果，而且餐餐都要有。法国人喜欢喝啤酒、葡萄酒、苹果酒、牛奶、红茶和咖啡。

5. 俄罗斯

俄罗斯人的早餐比较简单，多是面包夹火腿，喝茶、咖啡或牛奶。午餐则丰富得多，通常都有三道菜：第一道菜是汤，第二道菜是肉菜，第三道菜是甜食。在宴席上，一般还有鱼子酱，它是菜肴中的上品，有黑鱼子酱和红鱼子酱两种。

俄罗斯人一日三餐中除了面包、土豆等主食外，还有牛肉、猪肉、羊肉、牛奶、蔬菜、黄油、奶酪等。俄罗斯人的用餐特点是肉、奶多，蔬菜少。

俄罗斯人喝汤时可以吃面包，这一点和大多西方国家的习俗不同。红菜汤是俄罗斯特色。而且，俄罗斯人的餐桌上除白面包外，还要有一碟黑面包。黑面包是俄罗斯人餐桌上的主食，他们会将黑面包切成一片一片的以方便食用。黑面包乍看颜色像中国的高粱面窝头，口感有点儿酸，又有点咸。黑面包极富营养，又易于消化。

俄罗斯人喜爱的饮料较多，含酒精的饮料如伏特加、啤酒、葡萄酒、香槟酒，不含酒精的饮料如茶。

（三）大洋洲国家和地区

1. 澳大利亚

澳大利亚人的饮食习惯、口味和英国人差不多。菜较清淡、不吃辣。家常菜有煎蛋、炒蛋、火腿、脆皮鸡、油爆虾、糖醋鱼、熏鱼、牛肉等。当地的名菜是野牛排。啤酒是最受欢迎的饮料。

2. 新西兰

新西兰人的饮食习惯大体上与英国人相同，饮食以西餐为主，喜欢喝啤酒。新西兰对烈性酒严加限制，有的餐馆只出售葡萄酒，专卖烈性酒的餐馆对每份正餐只配一杯烈性酒。饮茶也是新西兰人的爱好，一天可饮七次，即早茶、早餐茶、午餐茶、午后茶、下午茶、晚餐茶和晚茶。茶馆遍布新西兰各地，许多单位都有专门的用茶时间。

二、茶艺服务

某些高档中餐厅会将茶艺和餐饮结合起来，让客人先品尝茶再就餐，类似于西餐宴会的餐前鸡尾酒会；也有些餐厅会在餐后进行茶艺表演。

（一）茶艺相关知识

茶艺，萌芽于唐，发扬于宋，改革于明，极盛于清。茶艺发展至今已有较长的历史，已经形成了一个文化系统。茶艺包括对茶叶的品评技法、对艺术操作手段的鉴赏，以及对美好品茗意境的领略等，这是饮茶活动过程中形成的文化现象。

1. 茶叶知识

学习茶艺，首先要了解和掌握茶叶的分类、主要名茶的品质特点、制作工艺，以及茶的鉴别、贮藏、选购等内容，这是学习茶艺的基础。

2. 茶艺技术

茶艺技术是指茶艺的技巧和工艺，包括茶艺技术表演的程序、动作要领、讲解内容。对茶叶色、香、味、形的欣赏，以及对茶具的欣赏与收藏等，是茶艺的核心内容。

3. 茶艺礼仪

茶艺礼仪是指服务过程中的礼貌和礼节，包括服务过程中的仪容仪表、迎来送往、交流沟通的要求与技巧等。

4. 茶艺规范

在进行茶艺服务时，客人要投入地品赏茶，服务者要按待客之道做好服务。服务规范是决定服务质量和服务水平的一个重要因素。

5. 茶艺之道

道是指一种修行、一种生活的道路和方向，是人生的哲学，属于精神内容。悟是茶艺的一种最高境界，是通过泡茶与品茶去感悟生活、感悟人生、探寻生命的意义。

（二）茶艺要求

1. 茶水比恰当

茶水比即茶与水的比例。不同的茶水比，沏出的茶汤香气高低、滋味浓淡各异。由于茶叶的香味、成分含量及其溶出比例不同，以及各人饮茶习惯不同，对香味、浓度的要求不同，对茶水比的要求也不同。

不同的茶类有不同的沏泡方法。一般认为，冲泡绿茶、红茶、花茶的茶水比以1∶50为宜，即用普通玻璃杯、瓷杯沏茶时，每杯约置3克茶叶，冲入不低于150毫升的沸水。品饮乌龙茶类，因对茶汤的香味、浓度要求高，茶水比可适当放大，以1∶20为宜，即3克茶叶，冲入60毫升以上热水。

使用紫砂壶泡较名贵的茶叶时，选择容量为150～200毫升的中型壶为宜，壶内放置的茶叶量也应适中，一般放置壶内容积1/3的茶叶较合适。茶水比也可以每1克茶叶冲入50毫升的水为标准，细嫩茶叶的用水量适当减少，粗茶叶的用水量适当增大。

2. 茶艺动作姿态

在泡茶过程中，身体要保持良好的姿态，头要正，肩要平，眼神与动作要和谐自然。泡茶时要沉肩、垂肘、提腕，要用手腕的起伏带动手的动作，忌肘部高高抬起。

3. 茶艺工序概括

茶艺工序可概括为备、洗、取、沏、端、饮、期、清八个字。

（1）备。备是第一道工序，包括对茶叶、开水、茶具和品茶环境四个方面的准备工作。

（2）洗。洗（温）是指对茶具的洗涤、热烫过程，主要起到消毒和温杯的作用。

（3）取。取（选）是指备齐多种茶叶品种，让客人点茶或供客人选用。

（4）沏。沏（泡）是指沏茶时手势动作要轻柔，持壶倒开水时要把茶壶上下拉三次，高冲水，即"凤凰三点头"，目的是使茶叶能在杯中均匀地吸水。

单元六 餐饮服务礼仪规范

（5）端（敬）。端茶给客人，切忌用手抓提杯边缘或握住杯身，正确的做法是恭恭敬敬地用左手托住杯底，最好下垫托盘，右手拇指、食指和中指扶住杯身。

（6）饮。饮茶时不能举杯一饮而尽，应从杯口吸吮一小口，缓缓品饮。

（7）期（加）。给客人添茶时，不要等客人喝到快露杯底再加水，要勤斟少斟。

（8）清。要等客人离开后再清洗茶具，并将其收藏起来，以待下次使用。

4. 泡茶用具

（1）茶壶。根据茶叶种类选用不同材质、不同造型的茶壶。

（2）茶船，茶盘。茶船是放置茶壶等的垫底茶具，形状有盘形、碗形，茶壶置于其中，盛热水时作暖壶烫杯之用，又可用于养壶。茶盘是摆放茶具的托盘。现在常用的是两者合一的茶盘。

（3）茶盅。茶盅又名茶海，是分茶器具。因茶盅有均匀茶汤浓度的作用，故又叫公道杯、母杯。茶盅因地域习惯不同而称呼各异，但用途是统一的。

（4）品茗杯。即不同材质和造型的茶杯、杯托、盖碗等。

（5）茶巾。茶巾又称为"茶布"，其主要功用是干壶，即将茶壶或茶海底部残留的茶水擦干，也可擦拭滴落在桌面的茶水。

（6）茶道六件。茶夹是在洗涤、回收茶杯时使用的，也可以用于夹取一些大块的茶（如普洱等）；茶匙也叫茶则，是一长柄、圆头、浅口小匙，从茶叶罐中取茶时使用；茶斗（茶漏）可以在茶壶口较小的情况下扩大茶壶的壶口，使茶叶能干净、容易地进入；茶针用于疏通壶嘴或拨茶；茶刮是长柄小匙，用于去除茶渣；茶瓶是用于收纳以上五件茶具的容器。

（三）茶艺服务程序

事先按照不同茶叶的冲泡要求做好准备工作，包括器具的准备、清洁、摆放，备好茶叶，备好泡茶的水等。茶艺过程中可准备相配的背景音乐，由茶艺师或专人进行同步讲解。

1. 绿茶茶艺服务过程

（1）点香：焚香除妄念。

泡茶可修身养性，品茶如品味人生，古今品茶都讲究平心静气。

（2）洗杯：冰心去凡尘。

用开水烫一遍本来干净的玻璃杯，做到茶杯一尘不染。

（3）凉汤：玉壶养太和。

把开水壶中的水预先倒入瓷壶中养一会儿，使水温降至80摄氏度左右。

（4）投茶：清宫迎佳人。

用茶匙把茶叶投放到玻璃杯中。

（5）润茶：甘露润莲心。

在开泡前先向杯中注入少许热水，起到润茶的作用。

（6）冲水：凤凰三点头。

冲泡绿茶时讲究在高处冲水，在冲水时，水壶有节奏地三起三落，好比凤凰向客人点头致意。

（7）泡茶：碧玉沉清江。

冲入热水后，茶叶先浮在水面上，而后慢慢沉入杯底，这一过程称为"碧玉沉清江"。

（8）奉茶：观音棒玉瓶。

茶艺师把泡好的茶敬奉给客人，称为"观音捧玉瓶"，意在祝福好人一生平安。

（9）赏茶：春波展旗枪。

在品绿茶之前先观赏：杯中的热水如春波荡漾，在热水的浸泡下，茶芽慢慢地舒展开来，尖尖的叶芽如枪，展开的叶片如旗。

（10）闻茶：慧心悟茶香。

绿茶要一看、二闻、三品味。在欣赏绿茶姿态后要闻一闻绿茶清幽淡雅、清醇悠远的香味。

（11）品茶：淡中品至味。

绿茶的茶汤清纯甘鲜，淡而有味，从绿茶的香中可以品出天地间至清、至醇、至真、至美的韵味。

（12）谢茶：自斟乐无穷。

众人相聚品茶，互相沟通，相互启迪。在品了头道茶后，请客人自己泡茶，在茶事活动中修身养性，品味人生的无穷乐趣。

2. 红茶茶艺服务过程

（1）宝光初现。

工夫红茶条索紧秀，锋苗好，色泽乌黑润泽。要向客人展示工夫红茶的色、形。

（2）清泉初沸。

热水壶中用于冲泡的泉水经加热达到微沸时，壶中上浮的水泡仿佛"蟹眼"。

（3）温热壶盏。

将初沸的水注入瓷壶及杯中，使壶、杯升温。

（4）"王子"入宫。

用茶匙将茶荷或赏茶盘中的红茶轻轻拨入壶中。

（5）悬壶高冲。

冲泡红茶的水温要达到100℃，高冲可以让茶叶在水的激荡下充分浸润，有利于色、香、味的充分发挥。

（6）分杯敬客。

用循环茶法，将壶中的茶均匀地分入每一杯中，使杯中茶的色、味一致。

（7）喜闻幽香。

一杯茶到手，先要闻香。红茶是世界公认的三大高香茶之一，其香浓郁高长，香气甜润中蕴藏着一股兰花的香。

（8）观赏汤色。

红茶的红色表现在冲泡好的茶汤中。工夫红茶的汤色红艳，杯沿有一道明显的金圈。茶汤的明亮度和颜色表明红茶的发酵程度和茶汤的鲜爽度。观察红茶叶底，嫩软红亮。

（9）品味鲜爽。

闻香观色后即可缓缓品饮。工夫红茶以鲜爽、浓醇为主，滋味醇厚，回味绵长。

（10）再赏余韵。

一泡之后，可再冲泡第二泡茶。

（11）三品得趣。

红茶通常可冲泡三次，三次的口感各不相同，应细饮慢品。徐徐体味茶之真味，方得茶之真趣。

（12）收杯谢客。

感谢客人的光临。

3. 花茶茶艺服务过程

花茶的冲泡一般使用盖碗，盖碗适合冲泡香气较重的茶，茶泡好后揭盖闻香，既可品尝茶汤，又可观看茶姿。冲泡花茶也可使用瓷壶，方法与沏泡绿茶相同。

花茶是诗一般的茶，它融茶韵与花香于一体，花香与茶味珠联璧合，相得益彰。所以在冲泡和品饮花茶时也要求有诗一样的程序。

（1）烫杯：春江水暖鸭先知。

将开水倒入盖碗中1/3处烫杯。"竹外桃花三两枝，春江水暖鸭先知。"我们借苏东坡的这句诗描述烫杯，请客人充分发挥自己的想象力。经过开水烫杯之后，冒着热气、洁白如玉的茶杯像一只只在春江中游泳的小鸭子。

（2）赏茶：香花绿叶相扶持。

赏茶也称为目品。目品是花茶三品（即目品、鼻品、口品）中的头一品，目的是鉴赏花茶茶坯的质量，主要观察茶坯的品种、工艺、细嫩程度及保管质量。花茶中还混有少量的干花，称之为"锦上添花"。用肉眼观察茶坯之后，还要闻花茶的香气，好的花茶富有"香花绿叶相扶持"的诗意。

（3）投茶：落英缤纷玉怀里。

"落英缤纷"是晋代文学家陶渊明先生在《桃花源记》一文中描述的美景。用茶匙把花茶从茶荷中拨进洁白如玉的茶杯时，花和茶叶飘然而下，恰似"落英缤纷"。

（4）冲水：春潮带雨晚来急。

冲泡花茶也讲究高冲水，要用90℃左右的开水，将热水从壶中直而下注入杯中，杯中的花茶随水上下翻滚，恰似"春潮带雨晚来急"。

（5）焖茶：三才化育甘露美。

冲泡花茶一般要用三才杯，茶杯的盖代表"天"，杯托代表"地"，茶杯代表"人"。人们认为茶是"天涵之，地载之，人育之"的灵物。

（6）敬茶：一盏香茗酬知己。

敬茶时应双手捧杯，举杯齐眉，注目客人并行点头礼，然后从右到左，依次把沏好的茶敬奉给客人。

（7）闻香：杯里清香浮情趣。

闻香也叫鼻品，是三品花茶中的第二品。品花茶讲究"未尝甘露味，先闻圣妙香"。闻香时，三才杯的"天、地、人"不可分离，应用左手端起杯托，右手轻轻地将杯盖开一条缝，从缝隙中去闻香。闻香主要有三项指标：一闻香气的鲜灵度，二闻香气的浓郁度，三闻香气的纯度。细心地闻嗅优质花茶的茶香是一种精神享受，在"天，地、人"之间有一股新鲜、浓郁、纯正、清和的花香伴随着清悠高雅的茶香，沁人心脾，使人陶醉。

（8）品茶：舌端甘苦入心底。

品茶是三品花茶中的最后一品，即口品。在品茶时，依然要保证"天、地、人"三才杯不分离，用左手托杯，右手将杯盖的前沿下压，后沿翘起，然后从开缝中品茶，品茶时应小口喝入茶汤。

（9）回味：茶味人生细品悟。

无论茶是苦涩、甘鲜还是平和、醇厚，人们都会有不同的感悟和联想，所以品茶重在回味。

（10）谢茶：饮罢两腋清风起。

唐代诗人卢仝的诗中写出了品茶的绝妙感觉："七碗吃不得也，唯觉两腋习习清风生。"

课后作业

1. 餐厅服务员迎宾服务的礼仪要求是什么？
2. 餐厅服务员引宾入座的礼仪要求是什么？
3. 周到服务需要做到哪几点？
4. 点菜的服务礼仪要点是什么？
5. 西餐厅服务的礼仪规范是什么？
6. 酒吧服务员服务礼仪的基本要求是什么？
7. 简述我国主要客源国的饮食习惯。
8. 掌握有关茶艺的知识和不同种类茶叶的茶艺表演方式，能熟练地运用相关茶艺服务程序为客人提供服务。

技能实训

1. 学生两人或三人一组，完成餐厅迎宾服务礼仪模拟训练。要求站姿规范、面带微笑、举止优雅、礼貌用语、目光和眼神符合服务要求。完成一次训练之后，成员互换身份继续练习。小组成员相互点评，教师进行总结。

2.学生几人一组，完成餐厅点菜服务礼仪模拟训练。要求面带微笑、点菜语言规范、适时推销菜品、举止优雅、礼貌用语、目光和眼神符合服务要求。

3.学生两人或三人一组，完成餐厅酒吧服务礼仪模拟训练。要求动作优雅、面带微笑，并适时关注醉酒客人的特殊服务。

4.学生几人一组，以小组为单位，模拟各个国家或少数民族的饮食习俗。

5.学生几人一组，以小组为单位，进行茶艺服务演示。小组互评，教师点评。

单元七　其他岗位服务礼仪规范

学习目标

1. 掌握康乐服务礼仪的基本要求。
2. 掌握会议服务礼仪的基本要求。
3. 掌握商场营业员礼仪的基本要求。

任务一　康乐部服务礼仪规范

饭店的康乐部是饭店提供给客人的一个娱乐休闲中心。康乐部在度假饭店中的作用尤为重要。康乐部是饭店创办特色品牌的依据，更是饭店提供超值服务的基础与前提。在现代化饭店中，为了使宾客的住店生活更加丰富多彩、舒适愉快，很多饭店都建造了康乐部，康乐部通常包括健身、游泳、棋牌、麻将、桌球、桑拿浴等休闲活动场所。在这些场所，均要求提供高标准的礼貌服务。

一、游泳池服务员

游泳池服务员主要负责来此游泳客人的接待工作，保证客人游泳时的绝对安全，勤巡视池内泳者的动态，负责游泳池水质的测验和保养以及游泳场地的环境卫生。

游泳池服务员在服务中应做到：

（1）按标准站姿站在服务台旁，微笑恭候客人到来。

（2）15度鞠躬，双手递送衣柜钥匙和毛巾后，引领客人到更衣室，并提醒客人妥善保管好自己的衣物。

（3）加强巡视，时刻注意游泳者的动态，特别是老人和小孩，降低安全威胁。这是对客人最大、最重要的尊重。

（4）客人离开时，主动收回衣柜钥匙，并礼貌地提醒客人带好衣服、物品。

（5）送客人到门口，向客人表示谢意，欢迎客人再次光临。

二、保龄球服务员

保龄球服务员主要负责保龄球活动的服务工作，在服务中应做到以下几点。

（1）客人到来时，要马上鞠躬问好："您好，欢迎光临！"并把干净完好的保龄球鞋礼貌地递给客人。热情体贴，服务到位。

（2）敬请客人选择适当重量的保龄球，恭敬地分配好跑道，并送上记分单，主动询问是否需要协助记分。对初次到来的客人，要根据他们的性别、年龄、体重等，帮助选择重量适当的保龄球，并详细介绍该项活动的玩法，提醒客人注意安全，避免发生扭伤等意外事故。球道不满时，客人可以选择自己喜欢的球道。

（3）适时且有礼貌地询问客人需要什么饮料，提供热情周到的服务。为客人提出建议时，语气要委婉。

（4）活动结束后，要礼貌地收回保龄球鞋，恭请结账，和客人道别，再次致谢。

三、健身房服务员

健身房服务员主要负责健身房客人健身锻炼的各项服务工作，在服务中应做到以下几点。

（1）微笑问候，礼貌沟通。

（2）主动热情介绍跑步机、动感单车、举重器等设备的性能、操作方法、注意事项，以及器械可以达到的健身目的。

（3）当客人要健身，并要求指导时，应立即示范，热情讲解。

（4）客人在操作器械时，应注意客人的安全，并即时了解客人身体状况，随时准备健身保护，以防意外。

（5）客人健身完毕，要礼貌送客，热情告别。

四、桑拿浴服务员

桑拿浴服务员主要负责桑拿蒸汽浴的各项服务工作，在服务中应做到以下几点。

单元七 其他岗位服务礼仪规范

（1）客人来到桑拿浴服务台时，要热情问候欢迎，提供物品，并引领客人到衣柜位置。

（2）对新来的客人，要主动适时介绍桑拿浴的方法与注意事项，注意关注客人是否锁好衣柜、是否有遗留物品。

（3）主动征询客人要求，帮助客人选择温度适宜的桑拿房间。提醒高血压、心脏病患者及醉酒客人不能进行桑拿浴。

（4）密切关注客人的动静，每隔几分钟从玻璃窗口望一望，看看客人的浴疗是否适宜，防止发生意外。

（5）做好清洁卫生工作，随时打扫客人丢弃的东西，不时喷洒空气清新剂，为客人提供干净浴具，以示尊重。

（6）客人离开时，要提醒有无遗忘物品，热情道别，欢迎客人再次光临。

五、美发美容员

美发美容员主要负责为客人提供美发美容服务，在服务中应做到以下几点。

（1）热情迎宾。站在服务台的服务员负责礼貌迎宾，热情问候，并帮助客人挂好衣帽，将客人引领到座位上。

（2）如已客满，应将客人引领到休息室，用托盘递上湿巾让客人擦手，再送上当天的报纸或杂志，并向客人致歉："对不起，请稍等！"休息室应备好小吃、饮料、矿泉水等供客人选用。

（3）严格按客人要求，神情专注地进行美发美容服务，操作时要尊重客人的意愿，切勿强加于人，以免引起客人的不安与反感。不能强行推销产品。

（4）美发美容完毕，要用镜子从后面、侧面给客人验照发型，并礼貌地征求客人的意见，并作必要的修饰，直至客人满意为止。

（5）如果发现客人头皮有伤，要礼貌告知并劝阻客人。

（6）收款要迅速、准确，并向客人致谢。

（7）送客时，为客人取递衣帽，热情礼貌地告别、鞠躬，目送客人离去。

知识链接

服务礼仪"三勤"

1. 眼勤

善于观察，了解客人心理，知道顾客什么时候需要什么，把服务做在客人开口之前。

2. 腿勤

腿要勤快，客人的需要要随时做到，这样会给客人留下敬业、热情的良好印象，提高客人对饭店的满意度。

3. 口勤

礼貌用语不离口，让客人感受到备受尊重。沟通顺畅，适时赞美，给客人以美好享受。

课后作业

简述康乐部各个岗位的服务礼仪规范。

技能实训

以小组为单位，抽签模拟康乐部各个岗位的礼仪礼貌服务，模拟完毕，小组相互点评，教师进行总结。

任务二　会议服务礼仪的基本要求

饭店会经常接待大、中、小型会议。会议服务礼仪，是指召开会议前、会议中、会议后服务人员应掌握的一系列服务礼仪规范。现代会议礼仪应该是全方位、立体化的服务，应该将礼仪服务贯穿会议始终。会议人数多、服务影响力大，饭店员工必须掌握礼仪规范，按规范操作，给饭店带来良好的社会效益和经济效益。

会议服务追求精细化，从签到、引导入座、发放会议文件到会议记录等，每一个环节都要力求做到精准无误，为会议提供优质服务。

一、一般会议服务礼仪

（一）会前服务礼仪

在准备会议之前，首先要明确会议的目的、性质、人数、人员构成等，有针对性地、周到地、有条不紊地安排服务标准。

饭店要安排专人负责接待参会者，按事先安排好的房间，为其快速办理登记和入住手续，并热情做好引导、介绍服务；对远道而来需要接站的客人，要事先按留下的联系方式进行确认，派专人到车站、码头、机场等地按相应接待规格迎接，接站牌要醒目。

会议前，饭店要根据主办单位的要求准备好会议需要的各种器材，包括现代化的辅助设备，如投影仪、幻灯机、录像机、翻页笔、黑板、白板等。在会议召开前，必须再次检查各种设备，保证设备能够正常使用。

1. 桌椅、名牌

桌椅是最基本的设备，可以根据会议的需要摆成圆桌型或长方形、T字型、U字型、鱼骨型等，并准备好相应的名牌，以方便参赛者就座。如果参加会议的人数较多，一般应采用报告型，即为主要领导准备名牌，其他人则不需要准备。如果参加会议的人比较少，一般采用圆桌型，并且要制作座位牌，即名牌，方便与会人员就座。

会议上的茶水饮料最好选择矿泉水。因为每个人的口味不一样，有的人喜欢喝茶，有的人喜欢喝饮料，还有的人喜欢喝咖啡，所以如果没有特别的要求，矿泉水是最能让每个人都接受的选择。

2. 签到簿、各种资料

签到簿的作用是帮助会议主办方了解到会人员的多少，到会人员分别是谁。一方面使会议主办方能够查明是否有人缺席，另一方面能够方便会议主办方根据签到簿安排下一步工作，如就餐、住宿等。

相关的资料有利于参会者了解会议内容，留下初步印象。为重要小型会议印刷名册，可以方便会议的主办方和与会人员尽快地掌握各位参会人员的相关资料，加深对彼此的了解。

3. 茶歇、小毛巾

根据会议时间及主办单位要求，准备矿泉水、茶水、咖啡、饮料、各式点心水果、干湿纸巾等，方便与会者取用。茶歇的台型摆放要与会议主题相协调，茶歇台上的食品、饮料摆放要干净卫生、取拿合理、整齐美观，符合饮食习惯。茶歇台上各式食品与茶歇台规模要和会议人数相吻合。茶歇台上的酒具、酒杯等要准备充足，且保证洁净卫生、无破损。茶点名称要字迹清楚，摆放到位。服务员要热心观察服务，随时添加茶点，用托盘撤换用过的餐具。应为每位与会者备一块小毛巾，毛巾温度因季节而调整。

在准备茶歇物品时，数量一定要充足，用具一定要干净、卫生，并由专人负责，而且在会议前一小时准备就绪。

（二）会间服务礼仪

1. 迎宾

迎宾人员要仪容整洁、仪表大方、仪态端正，以标准的服务站姿、饱满热情的微笑迎候客人。如果几个与会者一起走过来，服务人员可用双手迎宾。会议服务人员的气质、形象及着装礼仪是会议服务的一个亮点，服务人员应坚持每日练习行走、微笑、倒水等基本动作，展现专业亲切的形象。

会间服务礼仪

2. 引领入座

当客人进入会议室时，服务人员要鞠躬微笑问候，用规范手势引领客人入座。如果需要拉椅，服务人员要用双手拉开椅子，用规范手势请客人入座，并说"您请"或"请坐"，然后退一步转身。服务时，一律穿不带响声的工作鞋，以免影响会议。会议开始后，应根据会议规模配备适当数目的服务人员。服务人员应站在适当的位置观察会场内的情况，会场内有人招呼时要即时应答。

3. 斟茶送水

服务人员为客人倒茶水时，应站在客人椅子右后侧，右脚在前，左手拿水壶，用右手小指和无名指夹起杯盖，然后用大拇指、食指、中指拿起杯把，将茶杯端起，转到客人身后续水，盖上杯盖。续水以八分满为宜。上茶时，杯把一律朝向客人右手一侧。服务中，动作要轻、要稳，不要把水滴在桌子上，不要挡住参会者的视线。第一次续水一般是在会议开始后30分钟左右，之后每40分钟续水一次。续水时应带小暖瓶，并带一块小毛巾，用来擦干在杯子外的水。续水时如果客人掩杯或示意，则不必再续水，要随时观察客人的眼神或手势，如有需要，即时续水。会议厅中的温度，宜控制在24℃～25℃。

会议如有领奖项目，服务人员应迅速组织受奖人按顺序排列好，礼仪人员及时送上奖状或荣誉证书，由领导颁发给受奖者。

如果有电话或有事相告，服务人员应走到其人身边，轻声转告。如果要通知主席台上的领导，最好用字条传递通知，服务人员要避免在台上频繁走动和耳语，以免分散他人注意力，影响会议效果。服务人员不要在会场上随意走动，不能带手机或将手机静音、关机。

（三）会议结束礼仪

会议结束礼仪也是整个会务礼仪的重要环节。首先，要及时收集并整理资料，

单元七 其他岗位服务礼仪规范

以便后续招待时作为参考。其次，要向参会人员发出感谢信或反馈意见调查表，以表达对参会者的感谢和支持。最后，要根据会场情况做好整理工作，适时做好客人的引领工作。

二、签字仪式服务礼仪

（一）迎宾工作

签字仪式正式开始前，服务人员按礼仪站姿规范站立，面带微笑，情绪热情饱满，迎候客人光临。接待时注意力要集中，展现良好的精神状态，无疲劳状。行走步幅要适当，优雅利落。避免打哈欠、伸懒腰、打喷嚏、挖耳朵等小动作。

（二）规范服务

签字仪式是一种非常正式的活动。布台应简单清晰，服务规范严肃。签字人员到大厅后，服务人员规范站立，微笑面对客人，客人到达后，要为签字人员拉椅让座，按先主后次的顺序进行，然后站在两米外随时等待服务。签字仪式开始后，服务员用托盘托香槟、酒杯分别站在签字桌两侧约两米远的地方等候服务。签字完毕，服务员立即将酒送到签字人员面前，客人干杯后，服务员应立即上前用托盘接收酒杯。

任务三　商场营业员礼仪的基本要求

商场营业员的服务态度，直接反映着销售服务质量和信誉。商场营业员不仅要尽力使顾客选购到称心如意的商品，而且要向顾客提供耐心、周到、文明礼貌的接待服务。这就要求每一位员工在礼貌服务上做到下面几点。

一、服务主动、诚信经营

营业员在接待顾客时要做到：顾客进门，热情问候；顾客近柜，主动招呼；顾客选购，主动介绍商品的特点、规格、质量、性能、使用和保养方法。必要时，还应主动展示商品，便于顾客理解、熟悉。

接待多方来宾时，服务人员应当有先有后、依次接待。已售出的商品要包扎、包装好，便于客人携带。在介绍商品时，既不夸大其词、隐瞒缺点，也不以次充好、以劣抵优。

二、接待热情、业务精通

营业员在接待顾客时要态度和蔼，语言亲切，讲究礼貌。要做到：顾客进门有招呼声；选购商品有介绍声；付款找零有交代声；购毕离柜有告别声。在服务态度上，要做到"一懂""三会""八知道"。"一懂"，懂得商品流转各个环节的业务工作；"三会"，对自己所经营的商品要会使用、会调试、会组装；"八知道"，知道商品的产地、价格、质量、性能、特点、用途、使用方法、保管措施。在顾客有需要时，营业员还应尽力帮助顾客排忧解难。

三、介绍耐心、售后周到

营业员要耐心解答客人的疑问，展示商品时要做到百问不厌、百挑不嫌，为顾客当好参谋。在态度上，要做到：不计较顾客要求的高低；不计较顾客挑选的次数；不计较顾客言语的轻重；不计较顾客态度的好坏。如需配送，要为顾客做好预约登记，按照约定时间、地点安排专人送货、安装或者上门维修等服务。在接待顾客投诉时，要做到耐心、热情并即时做好记录，迅速调查核实。在接待顾客退换商品时，要态度热情不推诿，不能讽刺、挖苦顾客。

四、考虑周到、一视同仁

营业员在销售服务中要多为顾客着想，维护消费者的利益，要讲究职业道德，具有认真、负责的精神。服务中要坚持平等待人，做到买与不买一个样，买多买少一个样，大人小孩一个样，买与退一个样。针对老年顾客购物时动作慢、挑拣细、记性差、疑问多的特点，营业员要相应做到：不能催、帮助挑、常提醒、多解释。针对儿童顾客购物时比较马虎、不注意、无主意的特点，营业员需要做到：多细心、多关照、多建议。针对外宾顾客购物时多疑问、多挑选的特点，营业员要多主动、多解释、多介绍、多展示商品。根据不同顾客，提供各种方便，予以关心和照顾。一个有经验的商场营业员应该做到：一听，顾客语气是否含糊；二看，顾客神情是否犹豫；三问：顾客对所购产品的用途是否了解；四核，顾客支付的货款是否与商品价格相符。

单元七　其他岗位服务礼仪规范

五、仪表整洁、举止规范

穿着干净、整洁、美观、大方是对营业员仪表的基本要求之一。一般来说，商场营业员都要穿着统一规定和专门设计的工作制服，领结、领带或丝巾应按店规要求穿戴，并佩戴好工号牌或证章。工牌要佩戴在左胸处，佩戴高低一致。男营业员要经常修面，不留胡须；女营业员化淡妆为宜。发型上，男营业员不可留长发、理怪发型；女营业员的头发不要蓬松披散，使人直观上感到整洁、美观为宜。此外，营业员的个人卫生也很重要。讲卫生就是要勤洗澡、勤换衣、勤理发、勤剪指甲、勤洗手，上班前不吃带有刺激性气味的食品，养成尊重顾客的良好卫生习惯。

举止，是指营业员在商场内的站立、走动、拿取物品等的行为动作，要表现出受过良好教育的文明风貌。营业前，营业员应该检查仪表，精神抖擞地到岗位上站立，迎接顾客的到来。切记不要漫不经心地东游西逛、打闹嬉笑、聚众聊天或东张西望。在接待顾客时，要轻拿轻放商品，动作干净利落，不发出会惊吓顾客的声响。切记不要把商品扔给顾客或摔在柜台上让顾客去取，这都是极不礼貌的行为。营业员平时要注意养成文明礼貌的习惯，切不可随地吐痰或当着顾客面打喷嚏、掏耳朵、掏鼻孔、剔牙齿等。顾客离柜、离店时，营业员应彬彬有礼地向顾客告别，并说："欢迎您下次再来""谢谢""再见"等。

六、语言文明、明确清晰

营业员在销售服务中，少不了要用语言、表情、手势来与顾客交流感情，其中，语言是最为重要的。营业员说话有艺术性，能使顾客产生信任、放心、亲切、温暖之感；说话随便生硬，则可能使顾客误会、气愤、吵闹甚至投诉。俗话说的"一句话可以使人笑，一句话也可以使人跳"就表明了这个道理。

由此可见，营业员若要改善服务态度，提高服务质量，就需要学习、研究规范的柜台用语。熟练运用规范的柜台用语并非是一件一蹴而成的事，这需要营业员平时多观察、多分析、多总结、多积累，逐步培养自己的规范用语，训练自己的语言艺术。

接待不同的顾客时，营业员都要做到对答如流、正确无误、条理清楚、语言生动、合乎礼节。

营业员说话时需做到以下几点。

（1）思想集中，思维敏捷，反应迅速。

(2）用语得当，口齿伶俐，表达清楚。

(3）不受干扰，记忆力强，避免出错。

(4）熟练运用多种语言（包括方言），中外宾客都能接待。

此外，营业员的语言要讲文明，这就要求营业员克服并改正不礼貌的口头禅或不经意夹带脏话的不良说话习惯。营业员每天都要通过语言来与顾客打交道，措辞文明是非常重要的，因此，营业员要在日常生活中也养成文明用语的好习惯。

🎧 课后作业

1. 会议服务的准备工作有哪些？
2. 会议服务礼仪的服务要求是什么？
3. 商场营业员礼仪的基本要求是什么？

💡 技能实训

1. 练习会务服务礼仪中斟茶的服务要求，做到不滴不洒、不少不溢，姿态优雅规范，面带微笑。
2. 抽签表演会议接待工作，学生互评，教师点评。

单元八　饭店管理人员礼仪素养要求

学习目标

认识管理人员礼仪素养要求。

案例导入

某大饭店将为宾客举办公司十周年庆典。上午九点，大批宾客就陆陆续续来到了宴会厅。餐饮部李经理很着急，因为饭店又接待了其他大型活动，人手不够，当值服务人员前期准备工作还没有完成，场面十分混乱。李经理见此情景，马上联系几个休班的服务人员，希望他们能来帮忙。好在李经理平时尊重他人，具备亲和力。"善于聆听别人听不到的声音，看到别人看不到的事情"，有人情味，总能站在他人角度考虑问题。很快，来了好几个正在休班的服务人员，大家齐心协力，很快完成了庆典的准备工作，圆满完成了此次庆典，受到宾客的好评。

中华礼仪源远流长，内涵丰富。礼仪在构建和谐的社会关系中起到了重要作用，更是饭店企业文化的重要组成部分。

作为饭店的中层管理人员，起着承上启下的作用，良好的礼貌素养，既是饭店的形象展现，又便于有效开展工作。

饭店管理人员需要处理好各方人际关系。与上级相处，要尊重服从，积极沟通以领会意图，保障工作方向正确，争取资源支持；与下级互动，需关心支持员工生活工作，合理授权激发潜能，凝聚团队力量；面对平级，应尊重彼此分工，建立信任，合作共赢。

客户关系维护同样关键。管理人员要热情友好接待客户关注需求、注重细节，提供个性化服务，妥善处理投诉，展现饭店良好形象。

因此管理者要内外兼修，既要注意个人内在素养的修炼，又要提升工作素养，讲求工作方式方法。

一、管理人员内在素养

1. 公正

公正是一个基本素养，体现在管理者对问题的客观处理以及对员工的一视同仁等方面。只有具有公正的品质，才能够客观地对人与事正确评估，在选拔、推荐、使用人才时才能人尽其才，才能贯彻制度的正确执行，才能确保饭店各项工作的顺利运行。

2. 忠信

忠信是指对企业文化和价值的认同。只有认同才能处处以企业利益为准则，以主人翁姿态开展工作，而不是旁观者。只有认同，才会恪守准则，严守信誉，热爱工作。

3. 富有人格魅力

饭店管理人员应富有人格魅力。富有人格魅力的领导者，会产生核心力，凝聚企业员工，形成积极向上、团结一致的工作氛围。榜样的示范，良好的工作氛围，会推动企业工作有序进行。

二、管理人员专业素养

管理人员应该对本部门的专业知识和工作流程非常熟悉，只有精准把握，才能够有效开展工作。饭店管理是综合性工作，其管理人员要具备扎实的基础理论功底、合理的知识结构、丰富的工作经验和强烈的职业意识。

饭店是服务性行业，管理人员除与本企业人员有工作关系外，还会和不同专业、不同领域的客户广泛接触。因此，饭店管理人员要从以下几方面加强专业素养。

其一，参加专业培训。定期参与相关课程培训，例如管理学、营销心理学、餐饮经济学等专题培训，系统学习专业知识，了解市场供需、消费者行为背后的深层逻辑，为饭店定位、营销推广提供科学依据。其二，养成阅读习惯。涉猎社会学、心理学、经济学、历史学等领域经典著作。其三，关注时事热点。每日浏览新闻资讯、行业动态，从社会热点事件、政策法规变化中汲取知识，提升管理决策的科学性与前瞻性。

单元八　饭店管理人员礼仪素养要求

三、管理人员要讲究工作艺术

饭店管理人员应有自己独特的经营管理思想，包括团队合作、管理意识和协调能力，能够做到知人善任，刚柔相济。

饭店管理人员要善于运用激励机制，调动他人的积极性，发挥他人的创造力，树立新型的人才观。推行内部提升机制，凡是空缺的岗位，除企业内部缺少此类特殊人才外，一律都由内部员工来提升提任。饭店管理者还要以身作则，从遵守饭店的规章制度到仪容仪表、言行举止、工作态度等方面都应率先垂范，作为员工的带头人，这种言传身教的方式能够有效地影响和激励团队成员。

管理人员不仅是总经理和普通员工之间的桥梁，也是客户与饭店之间的纽带。因此在工作中需要注意以下几个方面。

1. 建立良好信任

信任是有效沟通的基础，如何建立信任呢？要善于发现自己和别人的共同特点，乐于在困难的情况下给予别人帮助，实事求是，言行一致。信任对饭店管理者成功与否有着十分重要的意义，饭店管理者有责任为员工创造一个健康的工作环境，而信任则是关键。

2. 讲究沟通技巧

（1）具有自信的态度，遇事不斤斤计较。

要心胸宽广，对大家提出的不同意见都要采取虚心听取的态度。在与他人沟通时，要注意语气的自然流畅、和蔼可亲。

（2）体谅他人的行为。

所谓体谅是指设身处地为别人着想，体会对方的感受与需要。在管理工作过程中，通过体谅他人的立场与感受，从而做出积极而合适的回应。由于餐饮饭店从业人员文化素养水平参差不齐，部分人员较难一下子掌握流程、制度、规范等，如果管理人员能够适时体谅他们，从实际出发，不仅有利于管理，而且还能有效地提升饭店的服务质量和客户满意度。

（3）直接有效地表达。

在双方交流的过程中，尽量使用描述性语言（用语言描述你看到的和你想到的具体行为），把事情量化，而不是用过多的形容性语言，譬如说"快一点""要认真负责""要努力工作"等等。这样也有利于他人理解。

（4）善用询问与倾听。

倾听是了解对方需要、发现事实真相、减少误解、增进信赖与合作的最重要也是最简捷的手段与途径。适时询问与倾听，可以了解彼此的需求、愿望、意见与感受。倾听别人讲话时思想要专注，眼睛看着对方以示尊重。一位优秀的管理者，绝对善于询问以及积极倾听他人的意见与感受。

（5）稳住心绪进行沟通。

管理者要冷静、理智，要学会管理自己的情绪。试想如果一个人带着很强的情绪去进行沟通其结果会是怎样？答案是不言而喻的。所以，在有矛盾冲突的情况下，一定要先安抚沟通对象的情绪，只有在心平气和的状态下沟通才会有效果。

3. 保持良好态度

常言道："态度决定一切。"态度包括对工作的态度、对宾客的态度、对学习的态度和解决问题的态度等。

（1）需秉持敬业精神，视工作为事业而非仅仅是一份谋生手段。全身心投入日常运营，无论是客房安排、餐饮筹备，还是人员调度，都严谨对待每一个细节，确保饭店高效运转。遇到困难与挑战，不推诿、不逃避，主动担当作为，积极寻找解决方案，用行动为员工树立榜样，带动整个团队的工作热情。

（2）始终将宾客需求放在首位。从宾客踏入饭店的那一刻起，便送上温暖微笑与贴心问候，让他们有宾至如归之感。面对宾客的各种要求，无论大小，都竭尽全力予以满足，耐心解答疑问，及时处理投诉，力求将每一次服务交互都转化为宾客的满意体验，借此塑造饭店良好口碑。

（3）谦逊好学、持之以恒。饭店行业瞬息万变，新的管理理念、服务模式、营销手法层出不穷。管理人员需主动学习，通过阅读专业书籍、参加行业培训、与同行交流等方式，不断更新知识体系，汲取先进经验，提升自身专业素养，以便更好地适应行业发展，为饭店注入创新活力。

（4）当问题发生时，要冷静果断。问题突发时，如客房预订超额、餐饮供应出现问题等，迅速稳住阵脚，客观分析问题根源，权衡利弊制定解决方案。不被情绪左右，勇于尝试新途径，在解决问题过程中总结经验教训，持续优化饭店的管理流程与服务品质，保障饭店稳健前行。

4. 恰当处理投诉

（1）宾客投诉。

当饭店宾客主观上认为由于服务工作上的差错或失误引起了麻烦和烦恼，损害了自己的利益，会向服务人员或有关部门反映，这就是投诉。恰当处理宾客投诉是饭店管理人员的一项重要职能。

宾客投诉

（2）案例分析。

有顾客向前台反映感觉自己住的房间不隔音，声音很嘈杂，要求换房间。 小王边道歉边说："您已经住下来，其他房间都有客人，我们无法给您调换。"客人怒气冲冲但不再要求换房，而是投诉。张经理接到投诉后，马上查看客房记录，发现两小时后有客人离店，会有空房，于是首先和小王共同向客人道歉，答应两小时后马上给客人换房间，为了弥补客人的不愉快，免费为客人提供康乐服务的代金券两张或两次免费洗衣服务，客人非常满意。

如遇宾客投诉，饭店管理人员应专注听取宾客投诉，无论饭店经营得多么好，都可能会有使宾客感到不满意或问题处理不当的地方。因此，服务人员要意识到宾客投诉是正常的现象，必须认真听取宾客投诉，在任何情况下不得与宾客争辩，处理宾客投诉，当事人原则上应主动回避，不得自行处理与宾客发生纠纷，任何投诉均需书面记录，并尽可能给予答复。

处理投诉的一般步骤为：认真倾听、保持冷静、同情、理解、安慰宾客，向宾客致歉，给宾客以足够重视。注意过程询问，记录要点，提出解决问题的具体措施，提出解决问题所需时间，追踪、督促补救措施的执行。

当遇到宾客善意的批评时，不管批评是否合理，均可表示谢意。如遇到恶意的批评，千万不要与批评者争论，如果是遇到关于饭店政策的批评，可委婉告知批评，饭店的政策自己不能擅自更改，但可以将意见向上级汇，以示重视。

总之，善于沟通是每名管理者必须具备的素质，良好的沟通有利于协调人际关系，增强企业团队的凝聚力，而饭店的发展与壮大，需要每一位管理者的努力，因此凡事要进行积极有效的沟通。管理人员应完善自我、奉献组织，做一个懂沟通、会沟通、好沟通的管理者。

四、饭店管理工作的方向

饭店管理是服务性工作，作为管理人员要不断追求极致服务。

（1）追求个性化服务。既要为客人提供优质满意的服务，又要给客人以惊喜；既要想客人之所想，又要想客人之所未想。

（2）追求人性化服务。一切从客人的角度出发考虑问题，而不是让客人来将就和适应我们。

（3）追求零缺点服务。服务公式：$100-1 \leqslant 0$。服务无小事，服务无止境，服务工作应将无数点点滴滴的服务小细节升华成为让客人满意的优质服务。

🎧 课后作业

1. 饭店管理者良好的个人素养表现在哪些方面？
2. "管理者的态度最重要"，试从饭店管理者的身份分析这句话。

参 考 文 献

[1] 侯振梅，李德正，庞中燕. 现代礼仪实用教程［M］. 长春：东北师范大学出版社，2011.

[2] 张朝辉. 礼仪规范教程［M］. 北京：高等教育出版社，2011.

[3] 吴宝华. 礼貌礼节［M］. 北京：高等教育出版社，2011.

[4] 郭敏文. 餐饮服务与管理［M］. 北京：高等教育出版社，2005.

[5] 李祝舜. 旅游服务礼仪技能实训［M］. 北京：机械工业出版社，2008.

[6] 童霞. 中餐服务技能实训［M］. 北京：机械工业出版社，2012.